KB260578

신개념 한국명리학총서 10

十二支(십이지)띠로 내 **평생운세**를 본다

(십이지 띠로 본 평생운세)

김용호 편저

법문북스

머 리 말

　행복을 잡기위하여 인간은 누구나 마음 속으로 화려한 이상향을 그리며 행복한 인생행로를 걸어가고 싶어하는 것이 인지상정일 것입니다. 극히 위험한 사경에 처해 있을지라도 삶에 대한 욕망과 행복을 바라는 염원은 끊임없이 용솟음 치고 있습니다. 그러나 현실은 비정하게도 온갖 고통이나 번뇌가 끊임없이 엄습해 와서 좀처럼 뜻과 같이 화려한 인생만을 살 수 있게 해주지는 않습니다. 아마도 그런 것이 인간 본연의 모습이요, 어떻게 보면 정직한 단면이 아닐까 생각됩니다.

　오늘 우리들이 살고 있는 사회의 특징은 인간 부재(人間不在)나 소외(疎外), 즉 인간을 제쳐놓고 인간을 중심(中心)으로 보지 않는 풍조입니다. 고도의 산업발전과 경제적 풍요에도 불구하고 가정적, 사회적 부도덕과 끔찍한 패륜, 비참한 불의의 사고로 인한 불행은 날이 갈수록 -더욱 심각해지고 있습니다. 이런 것은 그 원인이 끝없는 황금 만능의 배금주의적 욕구 불만과 향락 도취의 말세적인 현상으로 인간 부재나 소외의 심도를 한층 더해가고 있는 것입니다.

여기에 불행의 씨앗이 있습니다. 그러나 일면 다행한 것은 많은 양식 있는 식자들 중에는 새로운 목소리로 그래도 우리는 역시 인간이기에 인간을 안목으로 하지 않으면 안 된다는 자각과 요청이 강하게 부활되고 있는 것이라고 생각됩니다.

그리하여 모든 문제를 인간적 요소라고 하는 관점에서 '다시 생각해 보자'라고 하는 반성과 새로운 의지의 표명이 높아가고 있음은 실로 다행한 일이 아닐 수 없습니다. 그러나 그와는 달리 인간 부재 현상이 더욱 심각해지면 심각해질수록 인간의 고통과 불행은 더욱 가중되어 파멸로 이끌어 가게 될 것입니다.

이것을 나는 역학적인 견지에서 변전하는 운명을 해명하는 축(軸)으로 천운 즉, 자연계의 법칙을 무시하고 또는 모르고 살아가고 있기 때문이라고 판단하고 수천년 전부터 이어져 온 동양철학의 정수인 간지(干支)와 구성(九星)학을 통하여 스스로의 천성, 천운, 길흉을 예지하여 불행을 예방하고 행복을 찾는 길잡이로 삼고자 하는 것입니다.

사실 사람의 운세는 참으로 불가사의하여 운기 왕성한 때는 저절로 길이 열리어 무슨 일이라도 순조롭게 진척되어 마치 계단을 뛰어오르 듯 발달되어 가나 운세가 약하면 무엇을 해도 때를 놓친다던가 시행 착오가 되어 미끄럼을 타고 떨어지듯 불행의 굴레를 쓰게 되는 것입니다.

그 성운과 쇠운은 파도와 같이 주기적으로 또는 불규칙하게 높아지다가 낮아지곤 하는 곡절을 일생 동안 쉴새없이 되풀이 하면서 사람마다 각기 다르게 겪게 되는데 이것이 바로 천운(天運) 즉, 자연계의 법칙이라고 하는 것입니다.

그런 천운을 예지할 수가 있다면 그것을 어떻게 대처할 것인가도 알게 될 것입니다.

쇠운기에는 침묵을 지키면서 큰 화를 당하지 않도록 자중하여 개운기가 올 때를 기다림이 안전할 것이나 조바심을 내면서 무모하게 일을 착수하면 실패만 되풀이 할 뿐 자칫하면 목숨마저 잃거나 파멸로 떨어질 수도 있으니 인내하여 동쪽 하늘에 태양이 빛날 날을 기다리면 언젠가 운세는 열리어 욱일 승천하는 행운기를 맞이할 것입니다.

그런 운세를 100% 예지하는 방법으로 간지(干支), 구성(九星)으로 각인의 천성(天性)과 운세를 개발할 수 있도록 상세히 알기쉽게 기술하였습니다.

이 책을 충분히 활용하여 독자 여러분의 중요한 한평생을 행복하게 개척해 가기를 기원합니다.

차 례

머 리 말

상성(相性)표를 보는 법

　상성(相性)을 쉽게 이해하기 위해「구성(九星) 상생 상극 조견표」와「지지(地支)의 대조 길흉표」및「방위표」를 소개한다.

　구성이나 지지는 자신의 본명성과 상대되는 객관적인 사물이나 장소, 시간, 방위, 인물, 시절시기 등을 비교 대조하여 길흉을 판단, 알고자 하는 것이다.

　본문중의 상성(相性)표를 예를 들어 설명하면 지지가 쥐띠(子年)생인 사람의 경우 띠로 따져서 가장 길한 생년의 상대방 사람으로는 용띠(辰年), 원숭이띠(申年), 소띠(丑年)의 사람이고 그 상의를 가진 시간, 장소, 사물 등이 가장 길하고 다음 길한 것은 子, 寅, 巳, 戌, 亥에 해당하는 사람이나 사물, 시간 등이 길하다는 것이다.

　흉(凶)한 것은 未, 酉이고 크게 흉한 것은 卯, 午가 되겠다.

　또한 쥐띠생인 사람중에 일백수성의 사람에게는 육백, 칠적의 사람이나 사물, 시간, 장소 등이 가장 길하고 그다음 길한 것은 삼벽, 사록이고 보통으로 반길에 속하는 것은 일백이요, 흉(凶)한 것은 이흑, 오황, 팔백의 토성이며 가장 흉한 것은 구자화성이 된다. 이와 같은 요령으로 이해하면 되겠다.

쥐띠(子年)생의 천성과 운세

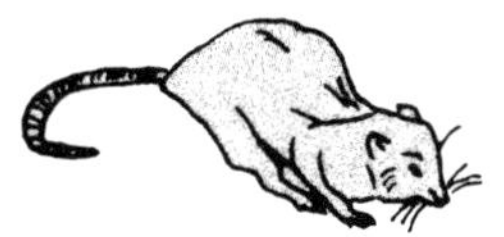

쥐띠의 생년

임자 (壬子)　칠적금성 (七赤金星)　1912 년생
갑자 (甲子)　사록목성 (四綠木星)　1924년생
병자 (丙子)　일백수성 (一白水星)　1936 년생
무자 (戊子)　칠적금성 (七赤金星)　1948년생
경자 (庚子)　사록목성 (四綠木星)　1960년생
임자 (壬子)　일백수성 (一白水星)　1972년생
갑자 (甲子)　칠적금성 (七赤金星)　1984년생
병자 (丙子)　사록목성 (四綠木星)　1996 년생

쥐띠(子年) 생의 천성

　한 마디로 쥐띠 또는 자년(子年)생이라고 하지만 출생한 년대에 따라서 갑자(甲子), 병자(丙子), 무자(戊子), 경자(庚子), 임자(壬子)로 간(干)이 다르고, 또한 일백수성(一白水星), 사록목성(四綠木星), 칠적금성(七赤金星)의 세 가지 구성(九星)으로 나누어지며 그와 같은 선천적인 운명의 내용을 해석하는 역리학적인 접근방법이나 유도방법도 또한 다양하기 때문에 결코 한 가지 천성이나 운세라고는 말할 수 없는 것입니다.

　그러나 쥐띠를 타고난 사람은 총괄적으로 말하면 정직하고 근면하며 일하기를 좋아하는 성질이고, 사소한 일에도 신경을 써서 검소한 생활로 차곡차곡 저축을 하여 재산을 모아가는 견실성(堅實性)이 있습니다. 그래서 다소 운명의 거친 파도에 휩쓸리는 경우라도 생활이 어렵다든가 곤란을 당하는 일은 적을 것입니다.

　천성적으로 좋은 장점은 머리가 좋은편 이라는 것입니다. 지략종횡(智略縱橫)이라고 할만한 두뇌 회전이 빠른 면이 있고 상당한 발전도 할 수 있는 사람입니다. 밖으로 보기에는 온순하게 보이나 속은 퍽이나 지기 싫어하며 반발적인 기질이 있고 화를 잘 내는 면도 있어서 남을 당황하게 하는 경우도 있습니다. 그런가하면 옛부터 일컬어지는 말에 「먹을 것도 안 먹고 벌어놓은 많은 재산을 색(色)으로 잃어버리는 쥐띠」라는 말이 있듯이 고생해서 쌓아 올린 재산을 자기 만족을 위해서 하루아침에 잃고 마는 그런 위험성도 있습니다.

쥐띠생의 남자는 물건에 인색한 점이 지나쳐서 만사에 쩨쩨하다는 소리를 듣습니다. 또한 마음이 모질지를 못하여 일을 당하면 결단력이 부족한 탓으로 모처럼의 찬스를 놓치는 수가 많아 행운을 놓치고 마는 일이 적지 않습니다. 운세를 열고 활기찬 도약을 해보고 싶다면 그 우유 부단(優柔不斷)한 점을 고쳐서 크게 진취(進取)의 기상을 기르지 않으면 개운(開運)은 되지 않습니다.

쥐띠생의 여자는 일반적으로 온순하게 보이나 내심은 의외로 강정하고 고집이 센 면이 있는가 하면 질투심도 강해서 기가 약한 남성으로서는 다루기 힘든 상대입니다. 그러나 가정에서 살림만을 사는 여자라면 남자에게 크게 도움을 주고 살림살이를 알뜰하게 잘 꾸려나가는 활기찬 주부가 될 것입니다. 그러나 남녀 공히 색정이 너무 뜨거워서 실패를 거듭하는 위험성도 지니고 있기에 이점은 깊이 명심하고 몸가짐을 조심하지 않으면 안 됩니다.

또한 남녀 다같이 결벽증(潔癖症)이 있어서 무엇이든 깨끗한 것을 좋아하는 천성인데 그 정도가 지나쳐 남이 하는 일이 마음에 들지 않아 무슨 일이나 자기가 직접 하지 않으면 속이 안차기 때문에 항상 바쁘게 되어 일년내내 고생만 더해가게 됩니다.

그반면 남의 일이라면 꽤 박정한 면이 있어서 남의 일에는 좀처럼 간섭하기 싫어하고 남과 관계되는 일은 가급적 피하려고 하는 경향이 있습니다. 또한 의심을 잘 하는 성격을 지니고 있어서 사람을 그대로 믿으려고 하지 않습니다. 그러면서도 남에게는 결코 속지 않으려고 하면서도 잘 속임을 당하는 약점이 있기에 큰 실패를 초래하는 일도 있으니 주의하지 않으면 안 됩니다. 그러나 속임을 당했던 상대나 싸우고 헤어진 상대라도 언제까지 속으로 원망하지 않고 언젠가는 다시 기분좋게 털어버리고 교제하는 순진한 성미도 있습니다.

재물을 모은다는 쥐띠의 장점도 그 절약이 극도에 달하면 구두

쇠로 인정되어 남과의 의리를 해치게 되고 주위로부터 고립되기도 합니다.

천성이라고 하지만 무엇이나 늘리고 모아가지 않으면 직성이 안 풀린다는 생각을 버리고 정도에 맞게 할 것이며, 의리와 인정을 나누고 바르게 살려고 노력하는 것이 더욱 중요합니다.

쥐띠 전반기생의 천성

쥐띠해의 전반기에 태어난 사람은 특별히 성실하고 일을 함에 있어서 분투 노력하는 천성을 지니고 있습니다. 그러므로 어떠한 일에 종사하더라도 또한 관공서나 대기업 회사 등에 근무하여도 승진이 빨라서 중년기에 접어들면 한 부서의 장이 될 것이고 복분(福分)도 많아서 번영할 수 있는 천혜(天惠)의 천성도 타고났습니다.

그러나 맡은 일에만 매진하는 성격이어서 강정이 지나치고 남을 돌보지 않기 때문에 수하의 사람이나 부하의 지원을 잃는다든가 선배나 원조자로부터 경원시되어 실패하는 수가 있습니다.

또한 이때에 태어난 사람은 뭇사람의 위에 있게 되어 남의 존경을 받는 천운(天運)이 있으나 사람을 사귀는 점에 어려움이 있으며 남을 누르고 돌진하려는 폐단이 있기에 남의 질시의 대상이 되어 좌절당하는 경우도 있으므로 이점 크게 삼가하지 않으면 안 됩니다.

쥐띠 후반기생의 천성

쥐띠해 후반기에 출생한 사람은 성격이 특히 알뜰한 천성으로 손톱에 불을 지피듯 차곡차곡 저축하는 천재적인 면이 있으나 사회적으로 도약하는 그런 특별한 천성은 없기 때문에 노력을 하여도 큰 출세는 어렵습니다. 오히려 장사쪽에 복분이 많기에 상업에 종사하면 부귀한 사람이 될 것입니다.

또한 이때에 태어난 사람은 성질이 느려보이나 의외로 경박하고 급한 성질입니다. 그러나 대단히 정직한 성품으로 너무 곧기 때문에 남과의 융화가 어려워 손윗사람의 도움을 얻는 기회를 잃는 경우가 있습니다.

쥐띠생의 운세

쥐띠(子年)생에는 갑자(甲子), 병자(丙子), 무자(戊子), 경자(庚子), 임자(壬子)의 천간으로 나누어지며, 이외에 일백수성(一白水星), 사록목성(四綠木星), 칠적금성(七赤金星) 등으로 나누기도 합니다. 이와같이 간을 달리하고 구성(九星)을 달리해 보면 같은 쥐띠라해도 그 운성의 천리(天理)에 근거하여 천성과 운세의 성쇠(盛衰)에 변화가 무쌍함은 말할 필요가 없습니다.

아래에 각 년생의 특성과 각 생월별 운세 대강을 들어 참고로 하였습니다.

갑자(甲子)년 생 쥐띠의 운기 성쇠

갑자년 생의 사람은 순조롭게 발전할 수 있는 천운이 있기에 노력 여하에 따라서는 상당한 발전은 할 수 있으나 기회를 봐서 진퇴에 주의하지 않으면 쇠운을 초래할 수도 있습니다. 그러나 큰 재난을 겪을 운은 없으며 운세는 중상(中上)입니다. 또한 생월에 따라 아래와 같이 성격이나 운세에 차이가 있습니다. 참고하시기 바랍니다.

1월생의 사람: 의지는 강고하나 욕심이 지나쳐 천복(天福)을 거역하지만 바르게 고쳐나가면 성공합니다.

2월생의 사람: 사려(思慮) 깊고 기예(技藝)에 진보가 있어 길운이나, 마음이 자주 변하면 쇠운이 됩니다.

3월생의 사람: 제멋대로에다 고집이 강하나 일에는 열심이기에 운세는 점차 열립니다.

4월생의 사람: 착수한 일을 끝까지 밀고 가지 못하는 단점이 있으나 노력 여하에 따라 점차 개운(開運)됩니다.

5월생의 사람: 재지(才智)를 겸비하나 태만심이 있어 인생 행로에 부침(浮沈)이 많습니다. 그러나 수단 유재(手端有才)하기에 수예(手藝)에 능하여 노력만 한다면 천복(天福)을 얻을 것입니다.

6월생의 사람: 딴 사람을 능가하는 재질이 있으나 음흉하고 험악한 기질이 있기 때문에 파란이 많고 운세는 중(中)에 속합니다.

7월생의 사람: 성격이 격렬하여 무슨 일에나 너무 지나쳐서 실패하게 됩니다. 처음은 좋으나 뒤는 약한 운세입니다.

8월생의 사람: 사람에게 사랑을 받는 천덕(天德)이 있어서 장애가 적고 천복을 얻을 운세입니다.

9월생의 사람: 사물에 너무 관심이 많고 근심 걱정이 많은 성질로서 명랑하고 착한 성격을 갖도록 노력하지 않으면 개운이 어렵습니다.

10월생의 사람: 약간 조바심이 강한 성질이어서 실패가 많습니다. 만사에 침착하게 대처하면 행운을 잡습니다.

11월생의 사람: 계획을 세우는데는 능하나 천복이 두텁지 못하여 노력 만큼의 보답은 얻지 못합니다.

12월생의 사람: 어떠한 일에 종사해도 순조롭게 진행되는 운세이므로 실패는 적고 행복한 사람이 되겠습니다.

병자(丙子)년 생 쥐띠의 운기 성쇠

병자년 생인 사람은 일반적으로 성질 변화가 심해서 일을 끝까지 관철시키지 못하는 약점은 있으나 운기는 꽤나 왕성하기 때문에 적극적으로 행동하도록 노력한다면 운세는 열립니다. 만사 인내심을 발휘해서 노력한다면 행복은 얻게 될 것입니다. 또한 출생한 달에 따라서 천성과 운기에 차가 있습니다.

1월생의 사람: 운세는 중위(中位)입니다만 너무 규칙적이고 의리가 강하고 질투심이 지나쳐서 신고(辛苦)만 많고 천복을 누리기 어렵습니다.

2월생의 사람: 희망 사항이 너무 많아 사물을 선불리 그리고 거칠게 다루게 되어 주어진 천덕(天德)을 어지럽게 합니다.

3월생의 사람: 천복도 있고 운세도 좋습니다만 머리 씀씀이가 나쁜 쪽으로 흐르기 쉬워 신고를 자초하고 특히 여자관계를 심중히 다루지 않으면 개운에 파란이 있습니다.

4월생의 사람: 운세는 점차 열립니다만 마음의 다짐이 없어서 기회를 놓치고 맙니다.

5월생의 사람: 평상시는 침묵을 지켜 진보가 없으나 용기를 낸다면 자력으로 개운되어 행복해 집니다.

6월생의 사람: 기품은 높은데 마음이 들떠서 손해를 봅니다만 복은 많은 운세입니다.

7월생의 사람: 운기도 강하고 의협심도 강해서 오히려 자기 몸을 상하게 할 수도 있습니다.

8월생의 사람: 편굴한 기질이여서 전진하고자 하는 의지가 약해 운세가 열리지 않습니다.

9월생의 사람: 내 뜻대로 밀고가려는 성질이 있으나 열성이 지극해서 행운을 잡겠습니다.

10월생의 사람: 기강하면서 대업을 이루기를 바랍니다만 실력이 따르지 못하고 운세는 파란을 내포하고 있습니다.

11월생의 사람: 일의 진행이 완만해서 때에 맞추지를 못합니다. 이것을 고쳐간다면 개운도 되겠습니다.

12월생의 사람: 관록 뿐만 아니라 천복도 있어서 장사나 경영지사가 점차 번영할 수 있는 행운을 잡겠습니다.

무자(戊子)년 생 쥐띠의 운기 성쇠

　무자년 생의 사람은 큰 사업을 희망하면서 마음은 급하나 영구성 있는 계획이 없기 때문에 어느 정도까지 진척되어도 천복을 다 지니지는 못합니다. 운세는 중하(中下)이고 생월에 따라서 성질이나 운세의 차이가 있기 때문에 각자의 생월에 주의 하십시요.

1월생의 사람: 인정이 박하고 아집이 강한 성질로 경솔한 면이 있기 때문에 천복을 손상시키기 쉬우므로 주의가 긴요합니다.

2월생의 사람: 오만한 성질이지만 침착하게 일을 처리하기 때문에 점차 운세가 열리게 되겠습니다.

3월생의 사람: 사려가 지나쳐서 행동이 느리고 기회를 놓치게되어 천덕을 다 누리지 못합니다.

4월생의 사람: 앞으로 전진만 할 줄 알고 물러 설 줄 모르기 때문에 화를 부를 수 있으나 운세는 중운(中運)입니다.

5월생의 사람: 노력은 하나 개운은 늦어집니다. 열심히 대처하면 만년은 행복합니다.

6월생의 사람: 여러 가지 예능에 통달하는 천성이 있어서 점차 성운(盛運)이 됩니다만 사람을 경멸하기 때문에 화를 부르고 천복을 손상케하는 일이 있습니다.

7월생의 사람: 지혜가 있으며 사려가 깊고 인정도 두터우나 큰 일을 일으키면 실패합니다. 대체로 중운입니다.

8월생의 사람: 의뢰심은 있으나 성품이 거칠고 치밀성이 부족하여 여러 가지 일이 성공하기 어렵고 복분이 엷은 운세입니다.

9월생의 사람: 재지(才智)가 있기에 개운은 빠르나 결단을 너무 쉽게 하기 때문에 실패합니다.

10월생의 사람: 천복이 있어서 점차 성운이 되는 상운(上運)이나 욕심이 지나치면 실패합니다.

11월생의 사람: 발달운이 강한 천덕이 있으나 아집이 강해지면 복분을 해치게 됩니다.

12월생의 사람: 중위(中位)의 운이기는 하나 순조롭게 발달합니다. 태만심이 생기지 않도록 경계하십시요.

경자(庚子)년 생 쥐띠의 운기 성쇠

경자년 생은 강한 운기를 지니고 있으나 침착하지 못하고 성급하게 서두르기에 안밖으로 신고가 많아집니다.

또한 돈벌이를 쫓아 마음이 들뜨면 천복을 해치기 쉬우므로 삼가하지 않으면 안 됩니다. 운세는 중상이나 태어난 달에 따라서 성질이나 운세에 차이가 있으니 각자 주의하십시오.

1월생의 사람: 천덕이 있어 점차 개운하나 외부 자극에 동요되기 쉬워 실패합니다.

2월생의 사람: 성품이 굳기는 하나 노고(努苦)성이어서 기회를 잃는 일이 있고 복분을 상할 것입니다.

3월생의 사람: 마음의 흔들림 때문에 불쾌한 일이 많고 마음이 안정되지 않으면서 운세는 내리막이니 주의를 해야 합니다.

4월생의 사람: 사려깊게 행동하나 결단심이 부족하여 열려가는 운세를 타지 못하고 실패수가 있습니다.

5월생의 사람: 능변가(能辯家)로 변설이 교묘하고 여러 가지 예능에 소질이 있어 운세는 왕성하나 성질이 교만하기 때문에 실패합니다.

6월생의 사람: 여러 가지 예능에 통달하고 장사도 번창하는 순조로운 운세이나 과욕은 실패의 원인입니다.

7월생의 사람: 의협심(義俠心)은 있으나 마음에 노기(怒氣)를 품고 있기에 만사가 명랑하게 진척되지 못하고 천복을 거역하게 됩니다.

8월생의 사람: 독단적이고 전횡(專橫)적인 성질이 강하고 성공을 위해서라면 뒤돌아보지 않는 성격이어서 오히려 행운을 놓치게 됩니다.

9월생의 사람: 마음 쓰는 것이 너무 인색해서 큰 일은 못할 성격이나 천복이 있습니다. 그래도 그 천복을 다 누리지는 못합니다.

10월생의 사람: 용기가 넘쳐 만사를 급하게 진행시키려 하기 때문에 실패합니다. 늦게부터 좋아집니다.

11월생의 사람: 복은 많이 타고났으나 마음의 변동이 심해서 운세의 발전이 늦습니다.

12월생의 사람: 세상사에 너무 민감하여 망설임이 많지만 그것만 삼가한다면 상운(上運)입니다.

임자(壬子)년 생 쥐띠의 천성과 운세

　임자년 생은 온갖 고난을 다 헤쳐 나가면서 큰일을 해내는 천덕이 있으나 무슨 일에나 차면 기운다는 운기로서 자그만한 성공에 만족한다든가 자만심을 갖으면 역전이 되어 쇠운이 됩니다. 모든 일에 자비심을 갖고 바른길로 근면하게 행동하면 천복을 누리고 성운이 됩니다. 이외에 생월에 따라 성품, 운세에 차이가 있으니 주의하십시오.

1월생의 사람: 인내력이 상당히 강하고 노력가이기에 상운이긴 하나 그늘진 곳이 있습니다.

2월생의 사람: 마음이 안정되지 않고 남의 말을 받아들이지 않는 성질이기에 천복이 뻗어 나가지 못하고 후에는 하운(下運)이 됩니다.

3월생의 사람: 사려깊은 마음 씀씀이가 있어서 운세는 발전하나 자기 주장을 굽힐 줄 모르기에 천복을 덜게 됩니다.

4월생의 사람: 밖으로 보기에는 용기가 있어보이나 내심은 담력이 없을 뿐 아니라 제반일에 활력이 없기 때문에 운세가 뻗어가지 못합니다.

5월생의 사람: 운은 보통의 중(中)정도이고 복도 있으나 경솔하여 대업을 꾀하면 복록을 잃을 것입니다.

6월생의 사람: 부정적인 사고나 의심이 많은 점을 삼가하면 여러 가지 예능에 통달하게 되고 운세도 발전합니다.

7월생의 사람: 제반일에 경솔하고 자아만을 내세워 독단이나 전행(專行)을 일삼기에 천덕을 거슬리고 운세도 기울게 됩니다.

8월생의 사람: 속마음이 온순하지 못하고 무슨 일을 해도 불쾌하게 생각하기에 발전성이 없이 운세도 하(下)에 속합니다.

9월생의 사람: 천복이 있어서 운기는 발전하나 역마살로 변함이 많기에 복분을 해치게 됩니다.

10월생의 사람: 무리하게 옳지 못한 일을 밀고가려 하기에 진전이 없고 천덕을 잃게 되어 손해를 봅니다.

11월생의 사람: 중운이나 남을 사랑하고 도움을 준다면 점차 성운이 되어 천복을 얻을 것입니다.

12월생의 사람: 천복이 있어 운세 왕성하기에 고위에 승진도하고 상업도 크게 번영합니다.

구성(九星)으로 본 천성과 운세

쥐띠생으로 일백수성(一白水星)의 천성과 운세

쥐띠로 일백수성에 속하는 사람은 상당히 호쾌(豪快)한 성질에 자존심이 강한 천성을 지니고 있으며 까다롭게 사리를 따지고 드는 점도 있어서 거북스러운 성질입니다. 또한 남과 협력하기 어려운 점이 있습니다. 그러나 부드러운 교제술도 있으면서 친절하나 인색한 구두쇠로 의리가 부족한 경향이 있는 것이 결점이 되겠습니다.

보기보다는 열심히 일을 하고 애교도 있어서 남의 호감을 사게 되어 귀여움도 받고하여 운세는 점차 열리겠으나 중년기에 한번 쇠퇴운이 찾아옵니다. 따라서 마음이 들뜨고 당황하게 됨을 경계하지 않으면 안 됩니다. 만년은 안태한 운세입니다.

쥐띠생으로 사록목성(四綠木星)의 천성과 운세

쥐띠로 사록목성인 사람은 사람 사귀기를 잘하고 온후한 면이 있으나 부침(浮沈)이 있는 운세로서 상당히 파란이 많은 운세이기에 젊은 시절에는 아무래도 고생이 많습니다. 특히 색정(色情) 때문에 큰 지장을 일으키는 일도 있겠으므로 깊히 삼가하지 않으면 안 됩니다. 그러나 천성적으로 옳고 그른 것에 대한 판단이 빠르고 애교도 있기 때문에 손윗사람의 도움으로 비교적 빨리 호전됩니다만 돈벌이에 관한 한 서툰편입니다. 저축심이 왕성하기에 중년 후기부터는 점차 안정되겠습니다.

쥐띠생으로 칠적금성(七赤金星)의 천성과 운세

쥐띠로 칠적금성의 사람은 꽤 사교성이 좋아서 남을 배반하는 일은 없고 젊은 시절부터 처세술이 좋은 편입니다만 아쉬운 점은 성의가 부족하여 진실성이 없고 몇 번이나 행운의 기회를 놓치게 되어 좀처럼 운세가 열리지 않습니다. 그러나 원래 정직하고 저축심이 강한 천성이기 때문에 결점만 잘 고쳐 삼가해가면 개운하게 되어 천복을 얻게 됩니다.

중년기에는 특히 색정으로 실패하는 일이 많기에 충분한 주의를 기울이지 않으면 복분을 상하게 될 것입니다.

쥐띠의 상성(相性)

상성이 좋다, 나쁘다 하는 것은 궁합(宮合)의 연분은 말할 것도 없고 사회적인 인간관계라든가 방위(方位)의 길흉, 당해 년·월·일·시의 각 운세의 길흉에 관련되는 중요한 것입니다.

쥐띠인 자(子)는 방위(方位)로는 정북(正北) 방위이기 때문에 자(子)년 생인 사람은 곧 이 방위가 본명(本命)의 방위가 되는 것입니다. 특히 쥐띠로 일백수성(一白水星)인 사람은 일백성(一白星)이 북방위(北方位)이기 때문에 오행(五行)이나 구성(九星)이 다같이 본명이 되는 셈입니다. 따라서 쥐띠인 사람은 주거(住居) 등에 대해서도 이 방위에는 특별한 주의를 기울여야 합니다.

쥐띠의 지지 구성 길흉표

· 地支 ·

대길 (大吉)	진(辰) 신(申) 축(丑)
길 (吉)	자(子) 인(寅) 사(巳) 술(戌) 해(亥)
흉 (凶)	미(未) 유(酉)(害·破에 해당)
대흉 (大凶)	묘(卯) 오(午)(刑·冲에 해당)

· 九星 ·

吉凶 ＼ 九星	일백수성인	사록목성인	칠적금성인
대길 (大吉)	육백금성 칠적금성	일백수성	이흑토성 오황토성 팔백토성
길 (吉)	삼벽목성 사록목성	삼벽목성 구자화성	일백수성 육백금성
반길 (半吉)	일백수성	사록목성	칠적금성
흉 (凶)	이흑토성 오황토성 팔백토성	이흑토성 오황토성 팔백토성	삼벽목성 사록목성
대흉 (大凶)	구자화성	육백금성 칠적금성	구자화성

쥐띠의 직업

쥐띠의 천성은 땅을 파서 보물을 얻는 상(象)이기 때문에 보통은 농업으로 보는 경향이 있으나 총체적으로는 회계(會計)에 관계되는 일을 취급하는 것을 첫째로 삼고, 요리(料理)나 후생(厚生)사업이 그 다음이고, 상업은 중간으로 50%의 적성으로 봅니다. 관직(官職)이나 기타 기관 등에 근무하는 봉급생활은 제일 하위직이라고 할 수 있습니다.

쥐띠생의 천성이나 운세의 움직임의 특징을 종합 판단하면 역시 회사의 경리와 같은 자질구레한 일에 종사하는 것이 제일 좋기 때문에 회계사, 경리, 은행원, 또는 회사원이면 회계나 사무담당자가 적직입니다. 그 다음이 농업이나 상업이 되겠습니다.

천성의 특징을 살린다면 교육가, 종교가 등 지도적인 직업도 적직이 될 수 있습니다. 쥐띠생의 사람은 생월이나 생일의 운기에 따라서 차이는 있으나 변동이 많은 파란을 내포하는 직업은 위험성이 대단히 많기 때문에 그런 직업은 가급적 피하는 것이 좋습니다.

자월(子月)생의 운세

자월이라고 하면 음력 12월이 되겠습니다. 양력으로는 대략 12월 8일 전후로부터 다음해 1월 5일 전후 사이가 됩니다. 태어난 해의 자월생의 사람은 정직합니다만 저축심이 대단히 강하기 때문에 비천한 점이 있으며 시덕(施德)이나 자선(慈善)심이 박한 편입니다. 그러나 원래 타고난 복분이 많기 때문에 큰 욕심을 부리지만 않는다면 큰 실패는 없습니다. 이달 전반기에 출생한 사람은 사물에 대한 마음가짐이 적고 저축의 방법도 교묘한 편이나 그 정도가 지나치면 사람이 인색해지고 사람들로부터 경원시되어 운세가 뻗어가기에 고민이 있겠습니다. 이달 후반에 탄생한 사람은 짓궂고 고집도 있으나 책임감이 강하고 통솔력도 있기에 운세도 스스로 개발되어 상당한 진전이 기대됩니다. 그런가하면 사치를 좋아하기 때문에 씀씀이도 많겠고 색정에도 약하기 때문에 주어진 복분에 손해를 보는 면도 많습니다.

쥐띠의 신병과 수명

쥐띠의 신병 예측

쥐띠의 사람은 신장(腎臟)의 지배를 받는다고 일컬어지고 있으나 사계절 기후의 변경에 따라 산기(疝氣:고환이나 아랫배의 아픔), 요통, 각기(脚氣), 근육통, 여자는 자궁병 등 허리 아래 부위에 병이 생기는 것이 상례이고 기타 협통, 종기, 중풍, 심장 임병(淋病) 등에 주의하지 않으면 안 됩니다. 또한 쥐띠는 원래 중풍의 성질을 띠고 있어서 장병(長病)이 되는 수가 많고 평상시 감기에 걸려도 사기 사열(邪氣邪熱)이 심기(心氣)에 스며들어 쉽게 발산되지 않는다고 합니다.

쥐띠의 수명 예측

○ 갑자년 생은 39세를 넘기면 76세 이상의 수명이 있습니다.
○ 병자년 생은 66세를 넘기면 82세 이상의 수명이 있습니다.
○ 무자년 생은 38세를 넘기면 64세 이상의 수명이 있습니다.
○ 경자년 생은 40세를 넘기면 59세 이상의 수명이 있습니다.
○ 임자년 생은 16세를 넘기면 78세 이상의 수명이 있습니다.

※ 자시(子時)생의 사람은 11세, 18세, 36세, 46세, 58세, 89세의 육년은 특별히 주의해야 할 해로서 수명을 다하는 것도 이 육개년 중에 있다고 합니다.

소띠(丑年)생의 천성과 운세

소띠의 생년

계축 (癸丑)　육백금성 (六白金星)　1913 년생
을축 (乙丑)　삼벽목성 (三碧木星)　1925년생
정축 (丁丑)　구자화성 (九紫火星)　1937 년생
기축 (己丑)　육백금성 (六白金星)　1949년생
신축 (辛丑)　삼벽목성 (三碧木星)　1961 년생
계축 (癸丑)　구자화성 (九紫火星)　1973 년생
을축 (乙丑)　육백금성 (六白金星)　1985년생
정축 (丁丑)　삼벽목성 (三碧木星)　1997 년생

소띠(丑年) 생의 천성

소띠생이라고 하나 태어난 년대에 따라서 간(干)을 달리하여 을축년(乙丑年), 기축년(己丑年), 신축년(辛丑年), 계축년(癸丑年)의 오간이 있고, 또한 구성(九星)으로는 삼벽목성(三碧木星), 육백금성(六白金星), 구자화성(九紫火星)의 서로 다른 천성을 갖고 있으면서 각각 다른 유도를 받기에 그 천성이나 운세가 결코 같지 않은 것입니다.

그러나 소띠생인 사람은 총체적으로 인내력이 강하기 때문에 일반적으로 느릿하게 보이나 실은 감정에 흠이 있어서 때로는 발작적으로 격노를 일으키는 경우도 있습니다. 또한 본심은 정직하기 때문에 희로 애락(喜怒哀樂)의 표정을 직접 얼굴에 나타내기에 담력이 적은 사람으로 인정되기도 하나 실제는 그보다는 편굴할 정도의 고집쟁이여서 일단 이것이다 라고 마음먹으면 그것을 굽힐 줄 모르고 밀고 가려합니다. 그래서 여러 가지로 주위사람과의 마찰도 생기고 적을 만들기도 하고 경원시되기도 하여 속으로 심로를 더해가게 됩니다.

특히 말을 꼭 해야 할 일도 말하기를 꺼리고 입을 다물고 있는 성질로서 속을 태우면서 조바심을 내는 점이 이사람의 단점인 것입니다. 그런 성질 때문에 친구들과 멀어지기 쉽고 남의 말을 듣지 않고 옆으로 삐뚤어지는 성품이어서 더욱 경원시 되어버리는 경향이 있으므로 속깊이 새겨서 삼가하지 않으면 안 됩니다.

소띠의 남자는 대단한 근면가로서 일을 하여도 끈질긴 면이 있어서 상당한 수완을 발휘하기도 하나 의외로 머리 회전이 둔한 편이어서 기선을 제압하며 전진해가는 무리함이 있는 편입니다. 그러나 일단 깨달은 다음에는 굳게 지켜서 태만한 법이 없습니다. 그렇기에 건실한 직업을 택해서 건전하고 정직하게 일을 해나간다면 일찍 성공을 할 수 있을 것입니다.

소띠의 여성도 참을성이 대단하고 사람의 안색을 살피는데 교묘한 점이 있기에 사람의 마음을 사로잡는 특징이 있습니다. 그런가 하면 극단적인 강한 애정을 갖는 천성이 있기 때문에 자기가 좋아하는 상대라면 어디까지나 애착심을 다 발휘하여 집념 깊게 교제하기 때문에 오히려 상대편에게 혐오감을 갖게 하는 점도 적지 않습니다. 한 마디로 남녀 다같이 색정이 진한 편이어서 한번의 인연으로는 속이 차지 않는 사람이 많습니다. 따라서 삼각관계로 고심하는 사람도 있기 마련입니다. 나아가서 애욕에 깊이 빠져서 신상의 파멸을 초래하는 그런 암시도 있으므로 이 소띠생의 남녀는 특히 남녀관계에 대해서는 주의가 요구되며 경솔한 짓은 깊이 경계해야 합니다.

또한 이 소띠생에게는 남녀 공히 허영심이 강한 점도 있어서 의외로 겉치레를 즐기는 편입니다. 따라서 남에게 머리를 숙이는 것을 싫어하는 경향이 있어서 혹시나 일에 막힘이 있어서 역경에 서게 될 때에는 남의 도움을 뿌리치는 모양이 되어 자포 자기에 빠져 생활은 거칠게 되고 더욱 신용을 잃고 낙오자가 되는 경우도 적지 않습니다.

이 소띠의 사람은 원래 천성이 정직해서 잠시도 쉬지않고 일을 하는 장점이 있습니다. 이점을 충분히 살려서 사소한 일에 쓸데없는 화를 낸다든가 무리한 고집을 세운다든가 해서 사회로부터 경원시되지 않도록 하며 전진한다면 운세는 자연히 열려질 것입니다.

소띠 전반기생의 천성

소띠(丑年)의 전반기에 출생한 사람은 높은 직위에 오른다는 그런 명운은 희박하기 때문에 관직에 종사하더라도 출세는 별로 바라볼 수가 없습니다. 그렇기에 의지가 대단히 강한 면을 살려서 건실한 길을 택하여 자력으로 밀고가는 것이 좋습니다.

자력으로 쌓아 갈 수 있는 복분은 대단히 풍부하게 그 명운이 있습니다. 그러므로 노력만 한다면 복덕을 얻게 될 것입니다. 그러나 이때에 출생한 사람은 중년기까지는 신고가 중첩하기에 참고 나아가지 않으면 안 됩니다. 만약 노력을 게을리 한다면 신고는 더욱 가중되어 역경에 처하게 될 것입니다.

중년말이나 만년초에 후원자를 얻게 될 것이며 급속히 운세가 열리어 행복을 잡을 수 있을 것입니다. 이 사람의 천성적인 끈질김이 행복의 열쇠가 될 것입니다.

소띠 후반기생의 천성

소띠해의 후반기에 태어난 사람도 고위직에 오를 명운은 극히 희박하기에 관직의 복록은 얻지 못합니다.

한 마디로 이 태생의 사람은 둥근 것에 모가 있는 성질로서 매사에 장애가 있는 명운입니다. 또한 인내심이 강해서 잘 견디어 내는 듯하나 의외로 무른점도 있어서 일을 처리함에 있어서 당당히 앞으로 나서지 못하고 교활하게 비켜가려고 하는 점이 있어, 그 속을 보이게 되면 남으로부터 경원시 되기도 하고 성공의 길로부터 멀어져 갈 것입니다. 천성을 살려서 성실하게 초지 일관해 나가는 것이 중요합니다.

소띠생의 운세

소띠(丑年)생에는 을축(乙丑), 정축(丁丑), 기축(己丑), 신축(辛丑), 계축(癸丑)의 오간(五干)이 있음은 앞에서 기술하였으나 이외에 삼벽목성(三碧木星), 육백금성(六白金星), 구자화성(九紫火星)의 구별이 있습니다. 이와같이 간(干)과 구성(九星)을 달리하면 같은 축년생이라 하여도 그 성좌의 명운에 따라 천리(天理)에 기초한 천성이나 운세의 성쇠 변화가 있음은 말할 필요가 없습니다. 아래에 각년생의 특성과 각월생의 운세의 대요를 들어봅니다.

을축(乙丑)년 생 소띠의 운기 성쇠

을축(乙丑)년 생의 사람은 점잖은 성질이 있으나 무슨 일에 감정이 폭발하면 대단한 노기를 띠게 됩니다. 그러나 사람의 사랑을 받고 금전적으로 큰돈을 얻지는 못하나 축재는 할 수 있습니다. 운세는 중위로서 적극적으로 밀고 간다면 복분은 있습니다. 또한 생월에 따라 성품이나 운세에 차이가 있습니다.

1월생의 사람: 거친 성질로 완고하기 때문에 복분을 깨서 운세는 하위가 되겠습니다.

2월생의 사람: 예능에 통달하여 상운이 되겠으나 남을 골탕 먹이는 면이 있기 때문에 복분에 손해가 있습니다.

3월생의 사람: 운세는 순조롭게 뻗어 나가는 복분이 있으나 만심으로 실패수가 있습니다.

4월생의 사람: 운세는 중위로서 큰 복이나 큰 화근도 없으나 주거문제로 고생합니다.

5월생의 사람: 외면은 말이 없는 것 같으나 의외로 말이 많은 성질로 화를 부를 소질이 있습니다.

6월생의 사람: 중운이 되겠으나 지능이 있고 기예에 능하기 때문에 노력 여하에 따라 천덕을 얻습니다.

7월생의 사람: 용기가 있는 것 같으나 내심으로는 망설임이 있고, 독립의 의지가 있으나 운세는 약한 편입니다.

8월생의 사람: 고지식하고 사욕(邪欲)을 좋아하지 않으므로 순운으로 큰 화가 없고 복분도 얻습니다.

9월생의 사람: 중운이나 인색하고 돈을 모으는데 조급하기에 실패합니다.

10월생의 사람: 중운이면서도 우여 곡절이 있어서 욕심이 지나치면 오히려 고난을 초래하고 하위운이 되고 맙니다.

11월생의 사람: 용기가 있고 남의 기분을 살피려다 실패하고 복분을 잃습니다.

12월생의 사람: 감정이 깊고 음기의 성질이기에 운세는 개발되지 않고 천덕을 살려가지 못합니다.

정축(丁丑)년 생 소띠의 운기 성쇠

소띠로 정축(丁丑)년 생인 사람은 양기로 밝은 점이 있고 사람으로부터 사랑을 받아 점차 발전하는 운기가 있으며 따라서 천복도 많습니다. 또한 고지식하긴 하나 때묻은 마음이 다소 있기에 스스로 자신의 발전을 저해하는 점이 있고 복분에 손해를 보는 일도 있기에 신중하지 않으면 안 됩니다. 또한 생월에 따라 성품이나 운세에 차가 있습니다.

1월생의 사람: 지능이 있어서 처세도 잘 하지만 운세도 상운입니다. 천덕을 살려가는 노력이 중요합니다.

2월생의 사람: 중운이나 강정하고 자만심이 강하여 남의 말을 듣지 않기 때문에 하운이 됩니다.

3월생의 사람: 담력이 있는 것 같으나 미신적인 마음이 깊고 운세도 곡절이 많겠습니다.

4월생의 사람: 중운이긴 하나 담력이 약하고 덮어놓고 맹진하는 성질이어서 운기를 해칩니다.

5월생의 사람: 천복은 있으나 태만에 흘러서 분발심이 없고 개발되지 않아 저운에 속합니다.

6월생의 사람: 기품이 높으나 변심이 많아서 운세는 열리지 않고 복분도 짧아집니다.

7월생의 사람: 천성은 착하나 책모(策謀)가 지나쳐서 실패를 초래하고 복분도 잃게 됩니다.

8월생의 사람: 외면은 침묵을 지키지만 내심은 격렬한 성품인데도 노력 부족으로 운세의 개발이 안 됩니다.

9월생의 사람: 마음의 명암이 심하고 망설임이 많아서 한 가지 일도 이루지 못하기에 천복을 얻지 못합니다.

10월생의 사람: 중상의 운기이나 마음이 들떠있어서 운세가 뻗어 가지 못하나 노력 여하에 따라서 점차 복분을 얻습니다.

11월생의 사람: 중운이나 망설임으로 일관성이 없어 복분을 놓치게 됩니다.

12월생의 사람: 사람들로부터 호감과 사랑을 받기 때문에 희망 사항이 성취되는 호운세로 천복도 얻을 수 있습니다.

기축(己丑)년 생 소띠의 운기성쇠

　기축년 생은 온화한 성질이나 자신의 확고한 주체 의식이 없고 곧 남에게 뇌동하기 쉽고 사소한 일에도 깊이 심려하기에 운세를 열어갈 수가 없습니다. 개성을 살려 노력을 한다면 천복을 얻습니다. 또한 생월에 따라 성품이나 운세에 차이가 있습니다.

1월생의 사람: 운세는 순조롭게 발전하고 무슨 일이나 성공할 가능성이 있고 천복도 얻을 수 있습니다.

2월생의 사람: 중운이지만 천덕이 있기 때문에 내 고집만 세우지 말고 남과 화목한다면 발달할 운입니다.

3월생의 사람: 사려깊은 성질로 기능이 발달돼 있기에 운세는 열리고 만사 순조롭게 진척됩니다.

4월생의 사람: 자기의 의견만을 관철하고자 하기에 파란이 많고 운세의 열림이 늦습니다.

5월생의 사람: 중운이나 타인의 일로 손해를 보는 일이 많아서 고생이 겹쳐집니다.

6월생의 사람: 마음이 들떠서 한 가지 일을 정해 집중하지를 못하니 운기도 일정하질 못합니다.

7월생의 사람: 지혜는 있으나 운세는 발달하지 못하고 큰일을 생각하지만 실패하게 됩니다.

8월생의 사람: 인정이 경박하여 자기의 일만 생각하면서 전진하기에 하위운이 됩니다.

9월생의 사람: 운세가 상운이어서 장사를 하면 번창할 것이나 절약이 지나치면 복분도 적습니다. 자비심이 두터우면 천덕을 얻을 수 있습니다.

10월생의 사람: 음험한 점이 있어서 천부의 미덕을 더럽히기에 운기가 뻗어나가질 못합니다.

11월생의 사람: 비굴한 점이 있어서 이식(利殖)만을 생각하기 때문에 중운 이상은 뻗지를 못합니다.

12월생의 사람: 용기는 있어서 앞으로 전진만 할 뿐 물러설 줄을 몰라 실패할 운입니다.

신축(辛丑)년 생 소띠의 운기 성쇠

　신축년 생은 조용한 성질을 갖고 있으나 쓸데없는 일을 생각하는 면이 있고 친우들과의 교제에 따라 운세의 성쇠가 달라집니다. 좋은 친우를 사귀면 상운이 되어 복분이 더욱 더해질 것이오, 악우를 사귀면 쇠운을 불러 복분도 감하거니와 곤궁해지기 때문에 경계하지 않으면 안 됩니다. 또한 생월에 따라 성품과 운세에 차이가 있으니 월력에 유의 하십시오.

1월생의 사람: 복분은 타고났으나 남과 화합하지 못하고 자기 뜻만을 주장하여 논쟁을 좋아하므로 하운입니다.

2월생의 사람: 대단히 의강(意剛) 고만(高慢)하며 마음의 동요가 심하고, 시기를 놓쳐 고생합니다.

3월생의 사람: 꾀가 많으나 마음이 안정되지 못하여 하운입니다. 여자는 색정과 빗나간 지혜로 몸을 망치는 일이 있습니다.

4월생의 사람: 전진할 때는 물불을 가리지 않고 멎을 때는 위혹이 많습니다. 색정을 삼가한다면 중운이 될 수 있습니다.

5월생의 사람: 높은 기품이 있고 완고하나 운세는 중위이고 운세의 개발이 가능합니다.

6월생의 사람: 전진할 기력은 있으나 어려운 일이 많고 운세는 침체합니다. 개운의 노력이 필요합니다.

7월생의 사람: 운세가 좋아서 상업도 번창하나 남을 돌보지 않으므로 실패하는 일이 있습니다.

8월생의 사람: 의협심이 있어 남을 위해 진력하나 별로 운은 열리지 않습니다.

9월생의 사람: 대업을 꿈꾸나 신분에 알맞게 전진한다면 운세는 더욱 번성하고 복분을 얻습니다.

10월생의 사람: 말이 없고 음침한 점이 있으나 건실하게 전진하므로 점차 상운이 됩니다.

11월생의 사람: 발달하는 천덕은 있으나 마음이 잘 변하여 중운에 머물겠습니다.

12월생의 사람: 장년기는 성운이나 중년에는 고생이 있겠고 요행히 교묘하게 지나친다면 상운이 되겠습니다.

계축(癸丑)년 생 소띠의 운기 성쇠

계축년 생은 연구심이 박하고 자기 주장을 하는 성질이 강하고 태만심을 일으키기 쉽기 때문에 좀처럼 운세는 열리지 않습니다. 선행 적덕하여 손위의 사람과 교제를 넓힌다면 천덕을 얻어 성운이 될 것입니다. 또한 생월에 따라 성품 운세에 차이가 있습니다.

1월생의 사람: 외견상으로는 활발하게 일을 시작하나 도중에 태만에 흘러 무슨 일이나 지체되기 쉽고 운세는 열리지 않으며 복분을 잃게 됩니다.

2월생의 사람: 사려가 깊고 무슨 일이나 교묘하게 진척하나 너무 신중하게 생각하는 면이 있어 개운이 늦어집니다.

3월생의 사람: 복분은 있으나 절약이 되지 않고 나중에는 인색해지면서 개운에 고심이 많습니다.

4월생의 사람: 사물 처리에 망설임이 많으나 인정이 있어서 점차 개운하여 복분을 얻습니다.

5월생의 사람: 의뢰심은 있으나 완고하고 운세도 정체되어 나중에는 곤란한 지경에 이릅니다.

6월생의 사람: 사려깊고 풍류심이 있으나 공상이 많아서 운세가 열리지 않습니다.

7월생의 사람: 기예 부분에 능통하는 천덕이 있으나 노하기 쉽고 경솔해서 운세가 뻗지 못합니다.

8월생의 사람: 사려깊고 한 가지 기예에 능한 천덕이 있으나 자애심이 결핍되어 중운으로 끝납니다.

9월생의 사람: 천덕은 있으나 축재에 마음을 빼앗기어 대인관계의 소홀로 사람을 구하는 마음이 없어 복분을 잃습니다.

10월생의 사람: 자기 뜻이 강하여 제반사가 곤란해지나 남과 화합하고 노력한다면 개운됩니다.

11월생의 사람: 온화하면서도 용맹한 점이 있어서 점차 개운되어 복을 얻습니다.

12월생의 사람: 관대하고 말이 없으며 실행하는 사람이기에 운세 또한 점차 왕성하고 천덕을 얻습니다.

구성(九星)으로 본 천성과 운세

소띠생으로 삼벽목성(三碧木星)의 천성과 운세

소띠생으로 삼벽목성인 사람은 만사에 대하여 양성(陽性)으로 극기심(克己心)에도 강한 천성을 갖고 있고 교제에도 능한 면이 있으나 경솔하게 약속을 하거나 남의 부탁을 받으면 가능성이 없는 것이라도 깨끗이 거절하지 못하고 받아들여 뒤에 곤경에 처하게 됩니다. 그것이 모처럼의 천복을 해롭게 하는 것이 되기에 삼가하지 않으면 안 됩니다.

유소년 시기에 병의 재난의 암시가 있으나 성년기에는 개운되어 평상시 진실하게 노력한다면 성운을 맞이하게 됩니다. 그러나 조바심을 내면 실패하게 되고 만년에는 쇠운의 암시가 있으니 주의하지 않으면 안 됩니다.

소띠생으로 육백금성(六白金星)의 천성과 운세

육백금성의 사람은 끈질긴 천성을 지닌 사람으로 무슨 일을 하더라도 끈기있게 밀고 가려는 성질이 있습니다. 그러나 제멋대로 여서 마음먹은 대로 하려고 하는 버릇이 있어서 일을 처리하는 데는 순조롭게 진척된다고 할 수 없겠습니다. 그반면 친절미가 있어서 딴 사람의 사랑을 받기도 하고 신용도 얻어서 중년경부터는 운세가 열려 점차 성운이 되겠으나 색욕 때문에 실패운도 있기에 주의하지 않으면 안 됩니다. 꾸준히 정진해 간다면 만년은 대단히 행복해 지겠습니다.

소띠생으로 구자화성(九紫火星)의 천성과 운세

소띠생으로 구자화성인 사람은 밝은 양기의 성질로서 화사하고 아름다운 것을 즐기는 점이 있고 또한 쉬 뜨겁고 쉬 식는 천성이기 때문에 운세에도 부침이 많아 좀처럼 끝맺음이 깨끗하지 못한 인생이 되기 쉽습니다. 다시 말하면 청년기부터 중년기에 걸쳐 자아가 강하여 고생을 사서 하게 되고 중년 후반부터는 점차 진전이 있겠으나 50세 전후에 실패의 암시가 있기에 주의가 요구됩니다. 그반면 처세술이 뛰어나서 자기의 결점을 고쳐 근면하면 만년은 안정되고 행복해 질 것입니다.

소띠의 상성(相性)

상성이 좋고 나쁘다고 하는 것은 연담(緣談)은 말할 것도 없고 사회적인 대인관계 라든가 그 어느 시기의 월·일·시의 길흉에 관계되는 중요한 것입니다.

축(丑)은 방위(方位)로는 북북동(北北東)의 방위이므로 소띠의 사람은 이 방위가 자신의 본명위(本名位)가 되는 것입니다. 축(丑)의 방위는 인(寅)의 방위와 합쳐서 간(艮)이라하고 귀문(鬼門)이라 칭하는 방위가 되기 때문에 소띠의 사람은 특히 이 방위에 주의하지 않으면 안 됩니다.

소띠의 지지 구성 길흉표

· 地支 ·

대길 (大吉)	사(巳) 유(酉) 자(子)
길 (吉)	축(丑) 인(寅) 묘(卯) 신(申) 해(亥)
흉 (凶)	진(辰) 유(酉) 술(戌)(破·害에 해당)
대흉 (大凶)	미(未)(刑·冲에 해당)

· 九星 ·

吉凶 \ 九星	삼벽목성인	육백금성인	구자화성인
대길 (大吉)	일백수성	이흑토성 오황토성 팔백토성	삼벽목성 사록목성
길 (吉)	사록목성 구자화성	일백수성 칠적금성	이흑토성 오황토성 팔백토성
반길 (半吉)	삼벽목성	육백금성	구자화성
흉 (凶)	이흑토성 오황토성 팔백토성	삼벽목성 사록목성	육백금성 칠적금성
대흉 (大凶)	육백금성 칠적금성	구자화성	일백수성

소띠의 직업

　소띠의 천품은 봉계(鳳鷄)가 무리에 들어가는 상(象)이기 때문에 보통은 개성을 발휘하는 직업이라고 볼 수 있으나 전체적으로 금전 출납에 종사하는 직업, 또는 그것을 관장하는 직업을 제일로 하고 관직이라든가 회사 등에 근무하는 것은 중위의 적성이고, 상업을 하는 것은 하위의 적성이라고 판단됩니다.

　소띠는 천성이 정직하고 인내심이 강해서 무엇을 하든간에 끈질긴 점이 있기에 은행원과 같이 금전 출납을 맡든가 차곡차곡 정리를 해가는 회계사나 세무공무원 같은 직업이 적직입니다.

　또한 소띠생은 편굴하고 인내심이 강한 점이 있기 때문에 정밀기계, 공작기사, 공예가, 화가, 조각가 등도 천직이 되겠습니다. 그러나 장사를 해서는 활발한 발전을 기대하기는 어렵고 성공률도 낮은 편입니다. 상업에 종사한다면 회계공무원이 되는 편이 훨씬 행복할 것입니다.

축월(丑月)생의 운세

　축월은 음력 12월이 됩니다. 이달에 출생한 사람은 의리를 잘 지키고 의지는 굳고 근성이 강한 천성이나 음성으로 말이 적고 좀 편굴해서 남과 화합하지 못하고 교제도 적습니다.

　이달의 전반기에 출생한 사람은 표면은 유화해 보이나 내심으로는 집념이 강하고 쾌활한 움직임을 요하는 일은 적성에 맞지도 않거니와 운세도 피어나질 못합니다. 성실하게 움직인다면 대파는 없겠습니다.

　이달 후반기에 출생한 사람은 끈기 있는 천성을 발휘해서 한 가지 일을 완성시키는 천덕이 있으나 급한 면이 있어 복을 파하는 일이 있습니다. 그러나 그 반대로 만사에 지나치게 주의심이 깊은

면도 있어서 때를 놓치는 경우도 있어 운이 열리지 않는 점도 있
으니 주의하지 않으면 안 됩니다.

소띠의 신병과 수명

소띠의 신병 예측

소띠생은 비장(脾臟)의 지배를 받는다고 하나 사계(四季) 시절의 변화에 따라 흉통(胸痛), 수종(水腫), 각기(脚氣), 근육통, 위병 등을 잘 일으킵니다.

이외에 습독(湿毒), 중풍, 종기, 가슴앓이, 창독(瘡毒) 등에 주의해야 합니다.

또한 소띠는 병근이 배속 깊이 숨어 있어서 좀처럼 쉽게 근치가 어렵습니다.

소띠의 수명 예측

○ 을축년 생은 25세를 넘기면 61세 이상의 수명이 있습니다.
○ 정축년 생은 46세를 넘기면 61세 이상의 수명이 있습니다.
○ 기축년 생은 51세를 넘기면 69세 이상의 수명이 있습니다.
○ 신축년 생은 25세를 넘기면 72세 이상의 수명이 있습니다.
○ 계축년 생은 39세를 넘기면 41세 이상의 수명이 있습니다.

※ 또한 축시(01시부터 03시)에 출생한 사람은 18세, 26세, 31세, 46세의 4개년을 주의해야 할 해로서 재앙을 입던가 수명을 다하는 해라고도 합니다.

호랑이띠(寅年)생의 천성과 운세

호랑이띠의 생년

갑인 (甲寅)	오황토성 (五黃土星)	1914 년생
병인 (丙寅)	이흑토성 (二黑土星)	1926 년생
무인 (戊寅)	팔백토성 (八白土星)	1938 년생
경인 (庚寅)	오황토성 (五黃土星)	1950 년생
임인 (壬寅)	이흑토성 (二黑土星)	1962 년생
갑인 (甲寅)	팔백토성 (八白土星)	1974 년생
병인 (丙寅)	오황토성 (五黃土星)	1986 년생
무인 (戊寅)	이흑토성 (二黑土星)	1998 년생

호랑이띠 (寅年) 생의 천성

호랑이띠라고 한 마디로 말하지만 출생 연대에 따라 갑인년(甲寅年), 병인(丙寅年), 무인년(戊寅年), 경인년(庚寅年), 임인년(壬寅年)과 같이 간지(干支)를 달리하고, 또한 이흑토성, 오황토성, 팔백토성과 같은 구성을 달리 하기 때문에 그 천성이나 운세는 결코 서로 같지 않음은 말할 필요가 없습니다.

그러나 호랑이띠는 총칭하여 기품이 높은 사람으로 앞을 향해 전진하고자 하는 강한 기질이 있기 때문에 성실하고 강한 기질로 일에 대처하는 성품입니다. 그러므로 행동도 활동적이고 결단력도 있습니다. 어떻든간에 남에게 진다는 것은 절대로 받아들일 수 없는 천성이지만 너무 지나치면 여러 가지 반감을 초래한다든가 해서 화근이 되는 수도 있습니다.

원래 머리가 좋고 현명한 성질이기에 공부하기를 좋아하고 처세 방법도 연구를 꾸준히 해가는 편입니다.

그래서 자기의 희망을 신장시켜 가려는 노력은 결코 게을리 하지 않습니다. 그러므로 어려운 일을 당해도 좌절하는 일은 절대로 없으며 큰 어려움이 닥치면 저항력을 키워서 더욱더 투지를 굳게 하여 대처하는 호기(豪氣)가 있습니다. 또한 어려운 일을 당하면 과단성 있게 결행하는 천성도 있기 때문에 성공한 사람도 적지 않습니다. 특히 갑인(甲寅)년 생이나 임인(壬寅)년 생은 대단히 운세가 강해서 외견상으로는 위세 당당하나 내심은 담력이 적어서 입으로 말하는 것 같지 않고 의외로 허장성쇠로 끝나는 경우가 많습니다. 그러나 이 해에 출생한 사람은 대체로 정의감이 강하고 남의 부탁을 받으면 물불을 가리지 않고 사양하지 않는 용기를 발휘하여 사물의 시비 곡직을 따지지 않고 생각 대로 행동하고자 하는 데에 곤란한 면이 있습니다. 인년생 남자는 강자에 대해서는 끈질기고 강인하게 대항해가는 용기가 있어서 남자다운 면모를 보이나 약자를 덮어주거나 도와준다든가 하는 미점은 의외로 박한 편이어서 매정한 사람이라고 생각될 때도 있습니다.

이 해에 출생한 여자는 대체로 말이 많은 떠벌이의 천성으로 상대를 가리지 않고 말로 제압하려는 기강한 점이 있고 그만큼 변설이 능하지만 입으로 화를 초래하는 일도 적지 않습니다.

대체로 남녀 공히 말이 많다보니 허점도 많기 마련입니다. 그러나 인정에 약한 면도 있어서 때로는 사랑에 빠지고 맹목적인 행동을 취하여 화제가 되기도 합니다.

전체적으로 보면 일의 대소를 불문하고 의외로 담백하므로 주저하는 점은 없습니다.

이 해에 출생한 사람은 모험적인 "스릴"을 즐긴다든가 일확천금을 꿈꾸는 투기적인 일을 좋아하는 경향이 있습니다. 꿈이 들어 맞으면 일확천금을 얻기도 하지만 대개는 그 반대로 큰 고생을 당하는 수가 많기에 이점 깊이 삼가하지 않으면 안 됩니다.

호랑이띠 전반기 천성

인년 전반기에 출생한 사람은 호랑이띠의 공통성인 다변(多辯)성이 더욱 강하게 나타납니다. 사소한 감정의 흥분도 곧 그 입에 나타나기 때문에 화가나면 바로 큰소리를 지르게 되고 거치른 말을 하게 됩니다.

그러나 기품은 곧아서 대나무를 쪼개 듯 뒤가 없이 악의는 없습니다. 말만이 아니고 용기도 있게 보입니다. 실제는 의외로 마음이 약한 편이어서 결단에 앞서 망설이는 점도 있기에 가장 중요한 시기에 앞으로 나아가지도 못하고 물러서지도 못하는 궁지에 처하게 되는 경우가 있습니다.

이 때에 출생한 사람은 고위직에 오르기는 무리이나 독립적인 상인보다는 봉급자로서의 복분이 있기에 생활은 안정될 것입니다.

호랑이띠 후반기 천성

인년 후반기생은 기품이 고상하여 남의 반대가 있어도 무리로 내 길을 가려는 강고함이 있기에 남의 반감을 받기 쉽습니다. 그러나 애증(愛憎)의 감정은 얕은 편이어서 정직하고 결백한 사람입니다.

이러한 천성 때문에 남과의 융화가 어렵고 자신이 먼저 남과 융화하려고 하지 않기에 손위나 손아랫사람으로부터도 별로 환영을 받지 못합니다. 또한 친척간에도 여러 가지 이해관계로 신고가 끊이지 않는 반평생이 되기도 합니다.

이 때의 사람은 고위직에 오를 수 있는 복분이 있으므로 관직을 갖거나 대기업에 근무한다면 빨리 상위직에 오를 수 있을 것입니다. 상인으로는 기품이 높아 적합하지 않습니다.

호랑이띠의 운세

호랑이띠에는 갑인(甲寅), 병인(丙寅), 무인(戊寅), 경인(庚寅), 임인(壬寅)의 오간(五干)이 있음은 이미 앞에 기술하였으나 이외에 이흑토성(二黑土星), 오황토성(五黃土星), 팔백토성(八白土星)의 구별이 있습니다. 이와같이 간(干)을 달리하고 구성(九星)을 달리하면 같은 호랑이띠라 하더라도 그 천리(天理)에 기초하여 천성이나 운세의 성쇠에 변화가 있음은 말할 필요가 없습니다. 아래에 각년생의 특성과 각월생의 운세 대요를 들어 참고로 하겠습니다.

갑인(甲寅)년 생 호랑이띠의 운기 성쇠

갑인년 생의 호랑이띠는 크게 전진할 수 있는 왕성한 운기를 타고 났으나 남의 말은 듣지 않고 일을 추진함에 있어서 앞뒤를 헤아리는 사려심이 부족한 결점이 있기 때문에 중도에 좌절하여 무릅을 꿇고 마는 운세가 있으니 신중하지 않으면 안 됩니다. 또한 생월에 따라 성품, 운세에 차이가 있으므로 각월 달력에 주의가 필요합니다.

1월생의 사람: 제멋대로여서 마음의 변덩이 심하나 이것만 고친다면 상운(上運)이 되겠습니다.

2월생의 사람: 인내력이 강하고 솔직하게 일을 밀고가는 성품이기에 운세는 상운이 됩니다.

3월생의 사람: 기질상의 변동이 많고 자기 마음 대로 행동하기에 운세를 거스르고 복분의 손해가 있습니다.

4월생의 사람: 사려심이 깊고 효행심이 두터워 점차 상운이 되겠으나 고생이 많습니다.

5월생의 사람: 마음의 동요가 심한 성질이어서 운세도 곡절이 심하므로 주의하지 않으면 안 됩니다.

6월생의 사람: 지혜와 재능이 있는 사람이나 진취적인 기상이 결핍되어 개운의 기회가 늦어집니다.

7월생의 사람: 강정한 면은 타인을 능가하는 편이나 성질이 급해서 노하면 일을 그르치게 되고 하운이 되어 고생합니다.

8월생의 사람: 복분은 있는 편이나 자아(自我)가 너무 강하고 순역(順逆)의 운세를 그르쳐서 천복을 깨게 됩니다.

9월생의 사람: 축재(蓄財)에만 급급하기 때문에 운세는 개발되지 않고 천복을 놓치고 맙니다.

10월생의 사람: 발달하고자 하는 의지가 있어서 중운이나 지나치게 자신을 과신하는 경향이 있기 때문에 실패하는 수가 있습니다.

11월생의 사람: 천덕이 있어 상운(上運)이나 자기힘을 과신하기 때문에 침체하게 됩니다.

12월생의 사람: 침착하게 행동하고 뜻을 세워 전진한다면 운세는 크게 열려서 천복을 얻을 수 있습니다.

병인(丙寅)년 생 호랑이띠의 운기성쇠

  병인년 생은 인의지심(仁義之心)이 있어 도량이 있고 담백하며 고상하기 때문에 운세는 점차 왕성해 집니다. 그러나 앞으로 나아갈 줄만 알고 물러설 줄을 모르기에 모처럼의 운세를 해치고 복을 잃는 경우가 있습니다.
  또한 생월에 따라서 성품이나 운세에 차이가 있습니다.

1월생의 사람: 대단히 격렬한 성질로 남의 말은 듣지 않고 평상시 늘 논쟁이 끊이지 않고 운세도 뻗지 못해 고심하며 천복도 몸에 붙지 않는 형편입니다.

2월생의 사람: 말이 적은 사람이고 쓸데없는 일에 지혜를 짜내며 만사에 주저하는 성품이어서 개운이 늦어집니다.

3월생의 사람: 마음이 안정되지 않고, 계획해서 정한 일을 한 가지도 이룰 수 없으니 운세에도 곡절이나 부침이 많습니다.

4월생의 사람: 노고성(勞苦性)의 운세로 교제도 넓지 못하고 운세의 개발도 늦어서 박복한 편입니다.

5월생의 사람: 분주하고 번잡한 기질이나 일을 추진하는 데는 겁쟁이어서 개운의 기회를 잃고 하운입니다.

6월생의 사람: 편굴스럽고 대망(大望)을 품기도 하나 실력이 모자라서 운기는 중위입니다.

7월생의 사람: 일을 당하면 얼어버리는 성질이 있어서 능숙한 면이 있어도 상운이 되지는 못합니다.

8월생의 사람: 의리를 위해서는 내몸을 돌보지 않으나, 남의 기분을 거슬리는 일도 많아서 개운이 늦어집니다.

9월생의 사람: 천복은 있으나 마음이 얇은데다 태만하기 때문에 일을 성취시키기 어렵고 복분을 잡지 못합니다.

10월생의 사람: 마음이 굳고 자신을 지키는 성질로서 실패는 적으나 개운이 늦고 발달이 힘듭니다.

11월생의 사람: 활동적인 면이 있어서 앞으로 나아가기는 하나 성취되기 힘들고 중운이 되겠습니다.

12월생의 사람: 활동적인 면과 용맹한 성질이 있으나 동정심이 희박하고 한때 왕성한 운이 되기도 하나 얼마안가 쇠운이 됩니다.

무인(戊寅)년 생 호랑이띠의 운기성쇠

　　무인년 생 호랑이띠는 기품이 대단히 높은 성격으로 대망을 품게 되고 천덕도 있으나 신분에는 과분하여 오히려 복분을 역전시켜 복을 잃는 수도 있으므로 심중하지 않으면 안 됩니다.
　　또한 생월에 따라 성품이나 운세에 차이가 있습니다.

1월생의 사람: 일을 추진함에 지나치게 저돌적인 사람과 완만하게 전진을 모르는 사람이 있으나 그 중용을 가는 사람에게는 개운도 있고 천복도 얻게 됩니다.

2월생의 사람: 운세는 중운이나 사람에 대한 호악지념이 격렬하여 운세도 성쇠가 교차되는 운입니다.

3월생의 사람: 사려심이 깊고 일을 추진하는 실력도 있을 뿐더러 근면하여 상운입니다.

4월생의 사람: 독립심은 있으나 진퇴의 기회를 놓치고 운세 개운도 늦어서 복분이 엷은 편입니다.

5월생의 사람: 진지하게 처세해 가는 성질로 기예(技藝)에도 통달하여 운세는 점차 왕성해지나 만심을 갖으면 복이 사라집니다.

6월생의 사람: 뜻이 깊고 인정도 많아서 점차 운세도 좋아지며 복분을 얻는 중운입니다.

7월생의 사람: 의리심이 있어 보이나 박정해서 비난을 받게 되고 운세가 뻗지 못합니다.

8월생의 사람: 대업을 일으킬 뜻은 있으나 인내심이 없고 한때 성운이 되기도 하나 쇠퇴해 집니다.

9월생의 사람: 지혜나 심려심도 있고 결단도 빠를 뿐 아니라 한 가지 기술에 능하기에 점차 상운이 됩니다.

10월생의 사람: 기예면에 능통하나 남과의 교제를 좋아하지 않기 때문에 실패는 없으나 중운입니다.

11월생의 사람: 아집이 강하고 애교나 교제술도 결핍되어 발달의 기회를 잃고 운세가 뻗어가지 못합니다.

12월생의 사람: 기품이 높고 마음에 변화가 많으나 관직에 나아가면 천덕을 얻어서 성공하겠습니다.

경인(庚寅)년 생 호랑이띠의 운기성쇠

경인년 생의 호랑이띠는 마음이 느슨하고 정신적인 사상은 동적이기 때문에 노력만 한다면 운세는 중위 이상이 됩니다. 그러나 용기가 지나쳐서 적을 많이 만든다면 운세의 개발은 늦어지고 복분의 손상을 입게 됩니다.

또한 생월에 따라서 성품 운세에 차이가 있으므로 각각 주의가 필요합니다.

1월생의 사람: 만사가 마음 대로 되지 않겠으며 진로에 망설임이 있습니다만 남과의 인화를 얻는다면 개운되겠습니다.

2월생의 사람: 독립의 의지는 있으나 기질이 약하고 생각하는 점이 너무 지나쳐서 운세가 침체됩니다.

3월생의 사람: 사려 깊고 기능도 있어서 상운이나 사람과 사귀지 못하면 하운이 됩니다.

4월생의 사람: 대담하고 섬세한 것을 선호하지 않으면서 만사 경솔하고 실패가 많아서 천복을 잃게 됩니다.

5월생의 사람: 입이 빠르고 교활하며 결단이 빠르며 운세의 트임도 일찍 닥치나 교만하여 운을 손상하게 됩니다.

6월생의 사람: 만사 심중하게 하는 성질이나 막상 일에 임하면 결단이 부족하고 기회를 잃어 개운이 안 됩니다.

7월생의 사람: 기예면에 능통하고 발명의 재지(才智)도 있으므로 건실하게 나아간다면 점차 성운이 되겠습니다.

8월생의 사람: 지나치게 규율적이고 애교가 박해서 중운이나 자기 주장만을 내세우면 인망을 잃게 됩니다.

9월생의 사람: 말을 잘하고 교묘하나 남에게는 한발도 양보하지 않기에 복이 적고 운세도 하위가 됩니다.

10월생의 사람: 속이 좁고 인색하며 의리를 저버리는 점이 있어 운세가 뻗어나가기 힘들겠으나 자애의 덕을 베푼다면 개운도 되고 천복도 얻습니다.

11월생의 사람: 용기는 있으나 도가 지나치면 실패가 많고 운세는 더욱 쇠하여 집니다.

12월생의 사람: 완고하고 세상일에 둔한 점이 있으나 남과 화합한다면 개운됩니다.

임인(壬寅)년 생 호랑이띠의 운기성쇠

임인년 생의 호랑이띠는 지인용(智仁勇)의 위엄을 갖춘 성품으로 어떠한 강적을 만나도 굴하지 않는 기품이 있습니다. 그러나 용기가 지나쳐서 적을 만든다면 천덕에 손상을 입게 되고 운세의 개발이 늦어집니다.

또한 생월에 따라서 성품, 운세에 차이가 있기 때문에 각월 달력에 주의를 요합니다.

1월생의 사람: 너무 강만하여 타인의 의혹을 사게 하는 성질로서 운세는 중위이나 용기가 지나치면 실패하게 됩니다.

2월생의 사람: 의심과 질투심이 강해서 노할 때는 그 정도가 너무 심해서 실패를 자초합니다. 이것을 삼가하면 개운이 됩니다.

3월생의 사람: 중운이긴 하나 심려심이 부족하고 마음에 망설임이 있어 복은 다소 적겠습니다.

4월생의 사람: 한 가지 기예에 능통하나 주거에 심로가 많고 운세는 기복과 변전이 좀 많겠습니다.

5월생의 사람: 재지(才智) 우수하고 운세도 상승하겠으나 사심(邪心)을 내면 하운이 됩니다.

6월생의 사람: 재주가 있어서 한 때 성운이 되겠으나 마음이 들떠서 점차 쇠운이 되겠으니 이점을 경계하지 않으면 안 됩니다.

7월생의 사람: 마음에 노기를 품고 남의 조언을 따르지 않으니 천복을 잃게 되고 점차 하운이 됩니다.

8월생의 사람: 옳지 못한 일에 깊게 파고들어 스스로 마음을 정하지 못하고 갈팡질팡하므로 운세에 혼란을 가져옵니다.

9월생의 사람: 마음이 들떠 있으나 큰 실패는 없고 중운으로 복도 있습니다.

10월생의 사람: 사람에 대한 모략의 기질이 많아서 도리어 고심하게 되고 운세도 침체합니다.

11월생의 사람: 지인용(智仁勇)을 겸비하고 있으며 인망이 있어서 운세는 더욱 성운이 되어 천덕을 누리게 됩니다.

12월생의 사람: 지혜와 심려가 깊고 총명하며 능력이 있어서 점차 운세가 열리어 행복해 집니다.

구성(九星)으로 본 천성과 운세

호랑이띠생으로 이흑토성(二黑土星)의 천성과 운세

인년 생으로 이흑토성인 사람은 성품이 상당히 활발하고 활동성도 왕성한 천성을 타고났으며 외관상으로는 온후하고 남과 사귀기도 잘 합니다. 일찍부터 운세가 향상되는 경향이 있으나 왕성한 활동 기운을 타고 모험적인 일이나 투기적인 위험한 일을 좋아해서 경솔하게 움직이면 신체적으로나 경제적으로 크게 손상을 입게 되므로 삼가하지 않으면 안 됩니다. 원래 사려 분별이 있는 성질이기에 무리한 일을 하지 않고 신분에 상응하는 노력을 한다면 중년 후기부터 만년에 걸쳐서는 성운이 될 것입니다.

호랑이띠생으로 오황토성(五黃土星)의 천성과 운세

인년 생의 오황토성인은 도량이 관대하고 온후한 천성이나 오만함이 지나쳐서 자기가 생각한 대로 일을 밀고가려고 하기에 운세의 발전도 늦어지고 고생만 거듭하게 됩니다.

성년(成年)기 한 때는 운세 왕성하나 색정으로 인하여 복을 파하고 운기를 깨는 암시가 있습니다. 그러나 자기 오만이나 색정, 도박 등을 즐기는 마음을 깊이 삼가한다면 자연히 베풀어 준 천덕을 점차 발휘할 수 있기 때문에 중년기 후반부터 만년은 성운이 되어 행복해 집니다.

호랑이띠생으로 팔백토성(八白土星)의 천성과 운세

인년 팔백토성의 사람은 상당히 강한 천운이 있기에 활기에 찬 운세가 펼쳐질 것입니다. 따라서 손윗사람의 인도도 얻기 쉽고 애호를 받아 신용도 두터워지므로 자연 출세의 기회도 많고 무슨 일이나 순조롭게 진척될 것입니다.

일면 순조로워지면 자아가 너무 강해져서 좋은 천성을 어지럽게 하고 신분에 상응하지 않는 욕망에 휘말리어 사도(邪道)에 빠져 모처럼의 천덕을 스스로 잃게 되므로 이 호랑이띠의 사람은 만심을 갖지 말고 정직하고 건실하게 전진하도록 노력하지 않으면 안 됩니다.

호랑이띠의 상성(相性)

상성이 좋고 나쁨은 궁합 연담은 물론이고 사회적 인간관계나 방위(方位) 및 그 년·월·일·시의 길흉에 관련되는 중요한 것입니다.

인(寅)은 방위(方位)로는 동동북(東東北)의 방위이기 때문에 인년 생의 사람은 이 방위가 천간(天干)의 본명위(本名位)가 되는 것입니다. 인(寅)의 방위는 축(丑)의 방위와 합하여 간(艮)이라 하고 귀문(鬼門)이라 칭하는 방위가 되기에 인년 생의 사람은 특히 이 방위에 대해서는 주의하지 않으면 안 됩니다.

호랑이띠의 지지 구성 길흉표

· 地支 ·

대길 (大吉)	오(午) 술(戌)
길 (吉)	자(子) 축(丑) 인(寅) 묘(卯) 진(辰) 미(未) 유(酉) 해(亥)
흉 (凶)	사(巳)(刑·害에 해당)
대흉 (大凶)	신(申)(刑·冲에 해당)

· 九星 ·

吉凶 ＼ 九星	이흑토성인	오황토성안	팔백토성인
대길 (大吉)	구자화성	구자화성	구자화성
길 (吉)	육백금성 칠적금성 오황토성 팔백토성	이흑토성 팔백토성 육백금성 칠적금성	이흑토성 팔백토성 육백금성 칠적금성
반길 (半吉)	이흑토성	오황토성	팔백금성
흉 (凶)	일백수성	일백수성	일백수성
대흉 (大凶)	삼벽목성 사록목성	삼벽목성 사록목성	삼벽목성 사록목성

호랑이띠의 직업

호랑이띠의 천품은 뭇사람의 우두머리가 되어 지휘자의 지위를 갖는 천성이 있으나 통칭하여 관공서의 물품 용달을 하는 직업을 제일로 치며 관공서에 근무하든가 회사원이 되는 것을 차선으로 치며 독립하여 상업을 경영하는 것은 말단직이라고 판단됩니다.

호랑이띠의 천성은 정의감이 강하고 용기가 있으며 활동적이기 때문에 단호한 행동을 취하는 직업 방면으로 관공서에 관련있는 직업이 적합하다고 할 수 있습니다. 그래서 큰 성공을 바란다면 관공서를 상대하는 직업이나 또는 정치가도 좋고 작은 희망을 바란다면 공무원이나 경찰관이 적합한 직업이라고 할 수 있습니다.

또한 이 띠의 사람은 활동력이나 결단력을 살려서 건설업, 운송업, 증권업 등도 좋으며 투기업에도 대성할 수 있으나 깊이 주의하지 않으면 안 됩니다.

인월(寅月) 생의 운세

인월이라고 하면 음력 정월에 해당되고 양력으로는 대략 2월 4일 전후로부터 3월 6일 전후에 해당됩니다.

호랑이해의 호랑이달에 태어난 사람은 재지(才智)가 있으면서 용맹하고 결백한 천성으로 예의 바르고 자애와 의협심이 강한 편입니다. 따라서 손윗사람을 두려워하지 않으며 하위직에 있더라도 거슬리지 않고 시비가 명확한 미점이 있습니다. 이달의 전반기에 탄생한 사람은 인내심이 강하고 도량이 크며 사람들로부터 신뢰를 받아 점차 운세는 상승하나 대업을 꿈꾸며 일거에 쟁취하려 든다면 필시 운세를 손상케하는 수도 있을 것입니다.

이달 후반기에 출생한 사람은 천성을 살려서 뭇사람의 우두머리에 서게 되는 운세는 열리겠으나 독립적으로 행동하면 오히려 해를 입습니다. 대부분 생가를 떠나 타향에 나가게 되고 아울러 성공하는 운세가 될 것입니다.

여성의 경우는 한 가지 어려운 일을 겪고나면 다시 고난이 닥치는 격으로 어려운 인생이 되겠으므로 주의하지 않으면 안 됩니다.

호랑이띠의 신병과 수명

호랑이띠의 신병 예측

호랑이띠는 간장(肝臟)의 지배를 받는다고 하나 사계절의 변화에 따라 폐병, 조막(助膜)염, 호흡기병, 심장병 등을 잘 일으킵니다.

이외에 경련(痙攣)이나 요통, 각기(脚氣) 등에 주의가 필요합니다. 또한 호랑이띠는 일견 무병하게 보이나 병원(病源)은 하방, 허리 아랫부위에 있어 만성이 되므로 일진 일퇴의 부침이 많을 것으로 압니다.

호랑이띠의 수명 예측

○ 갑인년 생은 25세를 넘기면 65세 이상의 수명이 있습니다.
○ 병인년 생은 49세를 넘기면 79세 이상의 수명이 있습니다.
○ 무인년 생은 63세를 넘기면 77세 이상의 수명이 있습니다.
○ 경인년 생은 26세를 넘기면 73세 이상의 수명이 있습니다.
○ 임인년 생은 44세를 넘기면 66세 이상의 수명이 있습니다.

※ 또한 인시생(寅時生)의 사람은 26세, 29세, 33세, 49세, 66세에는 특히 가장 주의해야 할 해로서 재액이 있든가 수명을 다하는 것도 이 6개년 중에 있습니다.

토끼띠(卯年)생의 천성과 운세

토끼띠의 생년

정묘 (丁卯)	일백수성 (一白水星)	1927 년생
기묘 (己卯)	칠적금성 (七赤金星)	1939 년생
신묘 (辛卯)	사록목성 (四綠木星)	1951 년생
계묘 (癸卯)	일백수성 (一白水星)	1963 년생
을묘 (乙卯)	칠적금성 (七赤金星)	1975 년생
정묘 (丁卯)	사록목성 (四綠木星)	1987 년생
기묘 (己卯)	일백수성 (一白水星)	1999 년생

토끼띠 (卯年) 생의 천성

　묘년 생이라도 출생한 년대에 따라서 간(干)을 달리하여 을묘(乙卯)년, 정묘(丁卯)년, 기묘(己卯)년, 신묘(辛卯)년, 계묘(癸卯)년의 오간이 있고 또한 일백수성(一白水星), 사록목성(四綠木星), 칠적금성(七赤金星)의 각각 다른 구성(九星)을 갖고 있으므로 서로 다른 운명을 갖게 되며 따라서 천성이나 운세는 결코 동일하지 않습니다. 그러나 토끼띠는 대체적으로 온후 유순하며 온화한 천성이기에 애교가 상당히 있어 남과 사귀기를 좋아하는 친화성이 있으나 반면 상대방에게 감화되기 쉬운 점이 있어서 자기의 온화하고 부드러운면이 약점으로 변해서 자연 의지도 약해지는 경향이 있습니다. 그래서 남의 앞에 나서면 항상 사양심이 앞서고 자기의 의지를 충분히 표시하지 못하는 약점이 있습니다. 그러면서도 꿈과 이상은 상당히 커서 실행 불가능한 대망을 품고 망상에 잠긴다든가 하여 과대 망상적인 무모한 짓을 해서 남을 놀라게 하기도 합니다.

　천성적으로 온화하고 애교 있는 성품으로 천부의 덕도 있기 때문에 큰 야망을 품지 않는 한 점차 번영하는 운세가 될 수 있습니다. 특히 을묘년 생의 토끼띠나 계묘년 생은 손윗사람의 신용을 얻어 큰 출세의 기회가 주어지는 운세이기에 진실되게 노력하면 상당히 좋은 행운을 얻게 될 것입니다.

　토끼띠의 남성 중에는 표면적으로는 유순해 보이나 본심은 비교적 반항적인 성격도 있어서 남 앞에서 대담하게 의사 표시를 못하는 반면 그 울분이 쌓이면 무모한 심리상태가 되어 전연 예기치 못한 행동을 하는 경우도 있습니다.

그런가 하면 그 반대로 기력을 잃고, 되는 일도 안하고 게으름을 피우는 악벽에 빠지고 마는 사람도 있습니다.

옛말에「토끼띠는 아침 늦잠과 여자를 조심하라」는 역언(易言) 이 있듯이 이런 사람에 대한 경고의 말이라고 생각됩니다.

토끼띠의 여성은 대체로 정숙하면서 애교가 있고 매력적이어서 만인으로부터 사랑을 받게 되며 손윗사람의 도움을 받게 되고 천 부의 복분도 있기 때문에 노력 여하에 따라서는 양가의 주부로 들 어 앉아 부귀하게 될 수도 있습니다.

그러나 비교적 색끼가 있고 색정도 강해서 생각지도 못한 잘못 을 저지르기도 하여 앞길을 잘못 밟게 되는 경우도 있으므로 경계 하지 않으면 안 됩니다. 색정이 강한 것은 여자만이 아니고 남녀 공히 이런 색난이 있기에 연담도 한 번으로 끝나지 않는 때도 많 고 모처럼 길연을 만나 가정을 갖어도 들뜬 마음 때문에 트러블을 일으키는 경우도 적지 않을 것입니다. 개중에는 호색 때문에 이남 자, 저남자에게 옮겨다니며 몸을 망치는 불쌍한 여성도 있습니다.

그러나 이와같은 생활을 하더라도 이 해에 출생한 사람은 남녀 공히 의식주에 곤란을 느끼는 사람은 없는 법입니다만 행적이 좋 지 않으면 결국 궁지에 몰리는 법입니다. 이 해 출생인은 호색이라 는 점, 깊이 삼가해야 합니다.

또한 토끼띠는 기예에 능한 천덕을 타고 태어났기에 이것을 살 려 진실되게 기예의 길을 닦어 나간다면 부귀 영상하게 될 것입니 다.

토끼띠 전반기생의 천성

토끼띠로서 그 해 전반기에 출생한 사람은 비교적 복을 타고나지 못한 편이어서 사회적으로도 고생이 많고 좋은 일이나 나쁜 일이나 반드시 신고가 따르게 됩니다.

천성은 말할 것도 없이 점잖고 말솜씨도 온화하게 하길 좋아하며 꼬치꼬치 캐고드는 편은 아니어서 마음이 관대하게 보이나 사실은 그 반대의 소심한 편입니다. 특히 금전상으로는 매우 소심해서 푼돈에도 신경을 쓰는 편입니다.

이와같은 성질은 타인에게 미묘한 영향을 주어 경계심을 일으키게 하는 일도 있습니다. 또한 좀 심술궂은 성격도 있어서 트러블의 원인을 만들기도 합니다.

외견상은 느긋해 보이나 실은 성급해서 항상 바쁘게 돌아가는 형입니다.

토끼띠 후반기생의 천성

토끼해 후반에 출생한 사람은 대단히 온후한 천성으로 남에게 항상 호감을 주게 되므로 손윗사람으로부터 사랑을 받게 되고 또한 손아랫사람의 지지나 협력을 얻게 되는 천덕이 있습니다. 따라서 관직이나 대기업 등에 근무하면 손윗사람의 눈에 띄게 되어 상위직에 빨리 승급하게 됩니다. 그러나 복분은 비교적 얇은 편이어서 큰 재물을 바랄 수는 없습니다.

또한 남의 호감을 사게 되어 사교적으로 호화스러운 점이 있는가 하면 또한 그것 때문에 큰 고생을 겪지는 않습니다.

토끼띠의 운세

토끼띠(卯年)생은 을묘(乙卯), 정묘(丁卯), 기묘(己卯), 신묘(辛卯), 계묘(癸卯)의 오간이 있음은 이미 기술한 바 있으나 그외에 일백수성(一白水星), 사록목성(四綠木星), 칠적금성(七赤金星)이라는 구성(九星)학상의 구별이 있습니다. 따라서 같은 묘년(卯年)생

이라 하더라도 그 명성(命星)의 유인에 의한 천리에 따라 천성이
나 운세의 성쇠변화가 있음은 말할 필요가 없습니다. 다음에 각년
생의 특성과 각월생의 운세의 대요를 들어 참고로 제공합니다.

을묘(乙卯)년 생 토끼띠의 운기 성쇠

을묘년 생은 애교는 있으나 미의 미식(美衣美食)을 좋아하며 나태한 결점이 있어서 운세는 마음 대로 뻗어가지 못하나 한 가지 일에 전념하며 성실하게 노력한다면 점차 운세는 개발되고 천복을 잡을 수 있게 됩니다. 또한 생월에 따라 성품, 운세의 차이가 있으므로 참고하십시오.

1월생의 사람: 온순한 성질이나 망설임이 많아서 천복을 잃게 됩니다. 건실한 마음과 행동이 중요합니다.

2월생의 사람: 사려 깊고 한 가지 기술에 통달하며 운세도 좋으므로 인화를 손상하지 않도록 하십시요.

3월생의 사람: 평상시 기분이 안정되지 않고 일을 함에 경솔하기 때문에 운은 열리지 못하고 복분도 엷습니다.

4월생의 사람: 천복을 타고났으나 모략성이 지나쳐서 운세가 열리지 않고 복을 해치는 것입니다.

5월생의 사람: 언변의 재능이 있어서 마음먹은 대로 일이 순조롭게 진행되고 천복도 얻겠으나 교만 때문에 실패수가 있습니다.

6월생의 사람: 지혜가 있고 중운이나 야심이 너무 커서 실패하기 쉽고 천복에 해가 있습니다.

7월생의 사람: 의리를 지키는 자는 상운이 되어 복이 많고 음험한 자는 하운에 떨어집니다.

8월생의 사람: 편굴하여 친화성이 적고 행운을 얻지 못하고 개운도 늦어집니다.

9월생의 사람: 천운은 중운이나 인색하여 진퇴의 기회를 못잡고 운세는 하운이 됩니다.

10월생의 사람: 의리 깊고 남의 애호를 받아 성운이 되나 진퇴에 주의함이 긴요합니다.

11월생의 사람: 천복이 있고 운세도 왕성하여 희망을 달성합니다. 그러나 관대하고 인자함을 잊지 마시오.

12월생의 사람: 마음에 항상 불안이 있어 앞으로 나아가질 못하고 복이 엷습니다.

정묘(丁卯)년 생 토끼띠의 운기 성쇠

정묘년 생 토끼띠는 운기가 상운(上運)이고 발달성이 있습니다. 지려(智慮)가 깊고 용의 주도한 성질로서 실패가 적으므로 천복을 얻게 됩니다. 그러나 태만해져서 인망을 잃으면 역운으로 바뀌게 되어 깊이 삼가 해야 합니다.

1월생의 사람: 복은 있으나 의혹심이 있고 음험(陰險)하여 운을 깨게 되므로 철저한 주의가 긴요합니다.

2월생의 사람: 지각이 발달하고 손끝에 재주가 있어 처세술이 능한 편이어서 점차 운세도 열려갑니다.

3월생의 사람: 무엇이나 절약하는 마음이 있기에 운세는 중위이나 너무 용맹스런 전진은 실패합니다.

4월생의 사람: 기품이 높고 큰 포부를 갖기는 하나 활기가 없고 전진이 안 됩니다. 신고를 감내하고 분투 노력한다면 점차 상운이 될 것입니다.

5월생의 사람: 지략(智略)이 있고 한 때는 왕성한 운이나 사심(邪心)이 동하여 실해합니다.

6월생의 사람: 대망을 품지만 남을 경시하기 때문에 실패하게 되고 운세가 열리지 않으며 복을 잃게 됩니다.

7월생의 사람: 천성이 너무 강하면서 태만하고 내심 노기를 품어 남의 조언을 따르지 않기에 고생을 더해가며 운세가 트이지 않습니다.

8월생의 사람: 한길로 매진하는 기품이 있으나 마음에 고뇌가 있어 운세가 뻗지 못합니다.

9월생의 사람: 천복은 있으나 큰 일을 꿈꾸지만 조바심 때문에 아무것도 완성이 안 됩니다.

10월생의 사람: 한 가지 기예에 능하게 되나 앞으로 전진만을 알고 후퇴를 모르기 때문에 복을 감합니다.

11월생의 사람: 무슨 일이나 달성할 수 있는 상운이나 지나치면 실패하게 됩니다.

12월생의 사람: 지려(智慮)가 있고 활발하기 때문에 만사 순조롭고 호운입니다. 태만을 삼가하십시오.

기묘(己卯)년 생 토끼띠의 운기 성쇠

기묘년 생의 운세는 중위이나 남과의 화합을 도모하고 진실하게 노력하면 운세가 열리어 성운이 됩니다. 특히 순조로운 운세에 힘입어 마음이 들뜬다면 역운이 되므로 삼가해야 합니다.

생월에 따라 성품, 운세에 차이가 있음을 참고로 하십시요.

1월생의 사람: 천복은 있으나 태만해짐을 경계하지 않으면 박복하고 병액을 초래하게 됩니다.

2월생의 사람: 고상한 일을 좋아하나 남의 말을 잘 듣는가 하면 일정한 견식이 없기 때문에 운세가 열리지 않고 복분도 감하게 됩니다.

3월생의 사람: 중운에 속하나 천복이 있기에 신고를 참고 노력하면 개운합니다.

4월생의 사람: 사려가 깊고 기능에도 능통하므로 운세도 점차 열립니다.

5월생의 사람: 기품이 높은 관계로 자기의 역부족을 모르고 맹진하면 천복을 깨뜨리게 됩니다.

6월생의 사람: 기질에 따라 음양 변화가 심하기 때문에 운세도 우여 곡절이 있고 복도 얇은 편입니다.

7월생의 사람: 지려심이 있으면서 발달의 기운도 강하기에 태만함만 삼가 한다면 상운의 운세가 될 것입니다.

8월생의 사람: 도량이 큰 미덕을 지닌 사람이나 강만(剛慢)해지면 모처럼의 왕성한 운을 깨뜨리게 됩니다.

9월생의 사람: 움켜쥐는 성질로 한 가지 기예에 능하게 되나 완고한 면을 누그러 트리지 않으면 개운이 안 됩니다.

10월생의 사람: 일처리가 활발하여 운세도 개운되겠으나 진퇴를 잘 가늠해야 합니다.

11월생의 사람: 운세가 상운이어서 장사는 번창하겠으나 편굴한 점을 삼가해야만 복을 지니게 됩니다.

12월생의 사람: 천덕이 있어 만사 순조롭겠으나 태만과 병액에 주의해야 합니다.

신묘(辛卯)년 생 토끼띠의 운기 성쇠

신묘년 생의 운세는 중위이며 인화를 잘 도모하면서 진실하게 노력하는 사람은 운기도 개발되어 성운이 됩니다. 그러나 이것저 것 여러 가지 일에 손을 대면 운기는 동요되어 복도 흩어지는 격 이 되므로 견실한 길을 가는 것이 중요합니다. 또한 생월에 따라 성품, 운세가 달라지므로 참고하십시요.

1월생의 사람: 남의 기분을 맞추는 묘한 재능이 있으나 불필요한 잡념이 많으며 남과 다투는 성미여서 운세가 뻗지 를 못합니다.

2월생의 사람: 중운이나 음울한 성질로 운세 개발이 늦어집니다만 복은 있습니다.

3월생의 사람: 상운으로 천복도 있으나 인색하면서도 때로는 사치 하기를 좋아하므로 복을 덜게 됩니다.

4월생의 사람: 잘 노력하면 중운으로 복도 있으나 색욕에 주의하 지 않으면 안 됩니다.

5월생의 사람: 기품이 있고 여러 가지로 기분의 변화가 심하며 일 정하지 않으므로 운세에 부침이 있습니다.

6월생의 사람: 고상한 일을 좋아하나 일정한 사상이 없고 운세도 곡절과 성쇠가 있습니다.

7월생의 사람: 사려심은 있으나 특정한 사물에 얽매어 앞으로 나아가질 못하며 운세 개발이 늦어져서 손해가 있습니다.

8월생의 사람: 의협심이 있으나 음침한 점도 있어서 운세가 피질 못하고 복이 얇습니다.

9월생의 사람: 정중하면서 솔직한 성격의 사람이므로 노력 여하에 따라 운세도 왕성해지고 복도 얻을 수 있습니다.

10월생의 사람: 영달하고 싶은 마음으로 자기만을 생각하니 남의 미움을 사서 운세가 막히게 됩니다.

11월생의 사람: 굳게 몸을 지켜가며 노력하므로 점차 성운이되어 천복을 다하게 됩니다.

12월생의 사람: 천복은 있으나 마음은 허공을 달리고 한 가지 일도 완성할 수 없는 운세로서 운약하고 열리지가 않습니다.

계묘(癸卯)년 생 토끼띠의 운기 성쇠

계묘년 생 토끼띠는 결단력이 민활한 천성으로 무슨 일이나 견실하게 추진해가는 성격이므로 운세가 점차 왕성해져서 명리(名利)를 같이 얻을 수 있는 행운을 잡을 것입니다. 그러나 만심을 한다면 천덕을 다 누리지 못합니다. 그외 생월에 따라 성품이나 운세가 달라지므로 참고하시기 바랍니다.

1월생의 사람: 지혜는 있으나 생각이 짧고 액운이 있어 운세가 펴나가지 못하고 고생이 많습니다.

2월생의 사람: 사려 깊고 뭇사람의 애호가 있기에 만사 순조롭게 진척되고 천복을 받을 것입니다.

3월생의 사람: 악의가 없는 정직한 성질로 축재도 하고 만사에 노력을 하기 때문에 개운하겠습니다.

4월생의 사람: 어진 성격에 용감성도 있어서 사람의 장자다운 천성이 있습니다. 따라서 점차 성운이 되어 천운을 얻습니다.

5월생의 사람: 운세는 좋으나 강만하고 박정한 점을 삼가하지 않으면 천운을 해칠 것입니다.

6월생의 사람: 사려가 깊고 큰 사업을 계획하나 실력이 부족하고 따라서 고생만 많고 운세도 크게 열리지 않습니다.

7월생의 사람: 희망과 포부는 크나 솜씨가 서툴고 거칠어서 한때는 성공해도 결국은 실패하고 복분도 없습니다.

8월생의 사람: 중운에 속하지만 발전성이 많고 남의 조언을 받아들여 노력한다면 크게 복분을 얻습니다.

9월생의 사람: 천복이 있으며 기품이 높으나 손실이 많으므로 만사에 조심해야 됩니다.

10월생의 사람: 자기의 주장만을 관철시키려고 하지 말고 도량을 크게 갖고 남을 사랑한다면 운기 상승하여 천복을 얻습니다.

11월생의 사람: 점차 운세가 왕성해지나 마음이 자주 들뜨게 되면 복분도 깨집니다.

12월생의 사람: 지려심이 깊고 마음이 넓어서 운세는 점차 성대해지나 조급하면 실패합니다.

구성(九星)으로 본 천성과 운세

토끼띠생으로 일백수성(一白水星)의 천성과 운세

토끼띠로서 일백수성인 사람은 온화하면서 타인과의 화합을 잘 하는 천성이기 때문에 사람 대하기도 부드럽고 처세술도 좋기 때문에 고생은 의외로 적고 운세도 개운할 것입니다.

그러나 순조롭게 나가다보면 자만심이 지나치게 강해져서 결단력이 둔해지므로 기회를 잃게 되던가 운세를 미혹시켜 자아가 강해지면서 함부로 행동하게 되어 행운을 잡아도 일시적일 뿐 오래가지 못할 것이니 주의하지 않으면 안 됩니다. 따라서 만년엔 고생을 하게 됩니다.

토끼띠생으로 사록목성(四綠木星)의 천성과 운세

사록목성의 사람은 온후한 성질로 친절한 천성이여서 자연히 신용도 있게 되고 운세는 순조롭게 뻗어 중년기에는 한때 행운이 되겠습니다. 친절하게 사람을 대하면 길조가 되겠으나 만사에 배은 망덕한 행동으로 변하여 허영심이 많고 무능해지며 성실하지 않으면 모처럼의 운세도 급발전하여 애석한 역경에 빠지게 되므로 항상 성실하게 살도록 노력하지 않으면 안 됩니다. 특히 노후의 준비를 확실하게 해놓지 않으면 고통을 당하게 됩니다.

토끼띠생으로 칠적금성(七赤金星)의 천성과 운세

칠적금성의 토끼띠는 남을 잘 돕는 천성이어서 남의 어려움을 도맡아 도와주는 의협심이 있으나 일을 과장하고 허풍을 잘 떨게 되어 운세를 공회전 시키는 결점도 있습니다. 그러나 애교도 있고 사교도 능하여 사람들의 사랑도 받게 되므로 건실하게 노력만 한 다면 운세는 크게 뻗어서 왕성해 집니다.

통털어 중년기는 한때 번창하나 계속 이어지지 못하고 병액 등의 고난의 암시가 있으므로 주의해야 합니다.

토끼띠의 상성(相性)

성성은 혼인의 연담은 말할 것도 없고 사회적 대인관계나 방위(方位), 어느 년·월·일·시의 길흉에 관계되는 중요한 것입니다.

묘(卯)는 방위로는 정동(正東)이 되기 때문에 묘년 생의 사람은 이 방위가 간지의 본명(本命)이 되는 것입니다. 이 방위는 역리상 청룡(靑龍)이 되는데 하늘의 뜻이 강대함을 의미하고 강렬한 선악의 뜻이 있습니다. 세력을 감추고 있는 잠룡(潛龍)의 뜻도 있기에 토끼띠는 이 방위에 주의하지 않으면 안 됩니다.

토끼띠의 지지 구성 길흉표

· 地支 ·

대길 (大吉)	미(未) 해(亥) 술(戌)
길 (吉)	축(丑) 인(寅) 묘(卯) 사(巳) 신(申)
흉 (凶)	진(辰) 오(午)(害·破에 해당)
대흉 (大凶)	자(子) 유(酉)(刑·冲에 해당)

· 九星 ·

凶吉 ＼ 九星	일백수성인	사록목성인	칠적금성인
대길 (大吉)	육백금성 칠적금성	일백수성	이흑토성 오황토성 팔백토성
길 (吉)	삼벽목성 사록목성	삼벽목성 구자화성	일백수성 육백금성
반길 (半吉)	일백수성	사록목성	칠적금성
흉 (凶)	이흑토성 오황토성 팔백금성	이흑토성 오황토성 팔백토성	삼벽목성 사록목성
대흉 (大凶)	구자화성	육백금성 칠적금성	구자화성

토끼띠에 적합한 직업

토끼띠 묘(卯)의 천품은 화락(和樂)과 거리가 없는 형상이어서 음악, 취미, 예능을 직업으로 함이 적합하다고도 하나 대체로 상하 간에 위치하여 조정 매개를 하는 직업, 즉 중개나 중매업을 첫 번째로 하고 그 다음은 상공업의 경영을 두 번째로 중위로 합니다. 관공서나 공무원은 하위로 판단됩니다.

토끼띠는 천성이 유순하고 애교가 있으며 급격한 변화나 큰 파도가 없는 운이어서 종교가, 교육가, 미술가, 음악가, 의사, 약제사 등의 직업이 적직이며 또한 순조로운 운세로 안락하게 살 것입니다.

또한 이 띠는 예능계의 재능을 타고나서 시인이나 문예가, 가수, 사회자, 코미디언 등에 진출한다면 천성을 살펴 인기를 모을 수도 있어서 성공을 하게 될 것입니다.

묘월(卯月)생의 운세

묘월이라면 음력 2월에 해당합니다. 양력으로는 대략 3월 6일 전후부터 4월 5일 전후사이를 말합니다. 생년의 달력에 주의하십시오.

묘월생은 외모는 유화하게 보이나 참으로 완고한 천성을 지니고 있어서 사람과의 화합이 어렵습니다. 무슨 일이든지 할 수 있으나 태만한 면이 있어 끝맺음을 못 합니다.

묘월 전반기에 출생한 사람은 희망이 크고 무모한 일에 손을 댄다던가 부정한 일에 휩싸이던가 해서 복을 깨고 맙니다.

묘월 후반기에 출생한 사람은 남의 사랑을 받아 고생이 적고 평안한 운세이나 욕심이 없어서 무슨 일에나 의욕이 결핍되고 성공을 바랄 수 없습니다.

  남녀 공히 색정의 재난이 있으므로 삼가하지 않으면 패가 망신
하게 됩니다.

토끼띠의 신병과 수명

토끼띠의 신병 예측

토끼띠는 간장(肝臟)의 지배를 받는다고 하나 사계절의 기후 변화에 따라 폐병을 앓을 수가 있으며 그외 심기 항진, 각기 등의 병을 앓을 수도 있습니다.

이외에 과음으로 토혈도 할 것이며 중풍, 요통 등에 주의하지 않으면 안 됩니다. 또한 토끼띠는 병원(病源)은 얕아서 외면상 중하지는 않으나 중풍의 성질을 띠고 있기 때문에 오래간다고 합니다.

토끼띠의 수명 예측

○ 을묘년 생은 49세를 넘기면 81세 이상의 수명이 있습니다.
○ 정묘년 생은 36세를 지나면 71세 이상의 수명이 있습니다.
○ 기묘년 생은 40세를 넘기면 59세 이상의 수명이 있습니다.
○ 신묘년 생은 60세를 넘기면 77세 이상의 수명이 있습니다.
○ 계묘년 생은 35세를 넘기면 89세 이상의 수명이 있습니다.

※ 또한 묘각(卯刻)에 출생한 사람은 18세, 26세의 재액(災厄)에 특히 주의해야 하며 이것을 넘기면 90세까지는 안태를 누릴 것입니다.

용띠(辰年)생의 천성과 운세

용띠의 생년

병진 (丙辰) 삼벽목성 (三碧木星) 1916 년생

무진 (戊辰) 구자화성 (九紫火星) 1928년생

경진 (庚辰) 육백금성 (六白金星) 1940년생

임진 (壬辰) 삼벽목성 (三碧木星) 1952년생

갑진 (甲辰) 구자화성 (九紫火星) 1964년생

병진 (丙辰) 육백금성 (六白金星) 1976년생

무진 (戊辰) 삼벽목성 (三碧木星) 1988년생

용띠(辰年) 생의 천성

한 마디로 용띠라고 하나 태어난 연대에 따라 갑진(甲辰)년, 병진(丙辰)년, 무진(戊辰)년, 경진(庚辰)년, 임진(壬辰)년으로 구별합니다. 또한 구성(九星) 상으로는 삼벽목성(三碧木星), 육백금성(六白金星), 구자화성(九紫火星)과 같은 각기 다른 구성으로 그 천성과 운세는 달라집니다. 때문에 그 천성이나 운세의 전개 방법이 같지 않음은 두말할 필요가 없습니다.

그러나 용띠의 사람은 총체적으로 기가 강하면서 지기 싫어하는 성질이 이 띠의 천성이지만 본심은 매우 정직하면서도 의외로 소심한 편입니다. 그래도 그늘에 숨어서 쩨쩨하게 움직이는 것이 아니라 예리한 감정을 갖고 있어서 어떠한 일로 격분하거나 감정이 폭발하면 시비를 가리지 않고 자기 생각 대로 행동하는 호방한 면을 보이기도 하고 때로는 상식적으로 생각할 수 없는 일을 해치우는 것입니다. 그러나 이런 행동을 해도 사실은 실력이 있어서가 아니고 문자 그대로 용두 사미(龍頭蛇尾)로 끝나고 마는 성질입니다.

용띠는 대단히 화려한 것을 좋아하고 허영심이 많아 신분에 맞지 않는 돈을 쓴다던가 호걸풍을 부리는 일면도 있습니다. 따라서 감정에 홈이 있어서 쉬 끓고, 쉬 식는 식으로 빨리 타오르면서 고삐 풀린 망아지 모양 분방하게 날뛰고 싶어하고 식으면 아주 중요한 일이라도 중도에서 좌절하곤 합니다.

원래 진(辰)이란 용을 말하는데 용에는 하늘로 비상하는 용과

하강하는 용이 있는데 위만 쳐다보고 천상에 올라 왕자가 되고자 하는 사람도 있고, 그 반대로 위로부터 내려와서 지상의 귀신이 되어 몸을 움추리는 생활을 고수하는 사람도 있는 법입니다.

실력도 갖추지 못했는데 천상으로 날아 오르려고 조바심만 태우면 오히려 만사는 생각 대로 되지 않고 시행 착오만 되풀이하게 되고 마지막에는 구름에서 떨어져 몸을 망치게 됩니다. 사려 깊게 분별심을 갖고 지상에서 영기를 기르고 기회를 기다려 때에 맞추어 날아가야만 목적을 달성하게 될 것입니다. 이런 점에 이 용띠의 명암을 가리는 분기점이 있습니다.

용띠의 남자는 기품이 높고 자부심도 있으나 좀 뻐기기를 좋아하고 필요없이 남의 일에 간섭하려 하고 섣불리 밀어 붙이려는 성격 때문에 실패도 하고 남에게 경원시 되기도 합니다. 그래서 일에 부닥치면 실력이 모자라든가 결단력이 없어서 대처할 기회를 놓치고 말던가 하여 남에게 뒤지게 되는 수가 있기에 주의를 해야합니다.

용띠의 여자도 남에게 지지않으려는 것은 이 띠의 공통된 천성이지만 처세를 위해서는 부드럽게 행동하고 취미로 시(詩)나 음악 등의 고상한 일을 좋아하는 편이므로 만인의 사랑을 받아 자연 화려하고 밝은 생활을 하는 사람이 많습니다. 특히 이 띠의 여성은 쓸쓸하고 고독한 것을 싫어하고 번화한 생활을 즐기는 편이어서 교제도 복잡해지나 이것이 변해서 다정 다감한 여성도 있어서 색욕 때문에 신세를 망치는 여자도 있기에 깊이 삼가하지 않으면 안됩니다.

한 마디로 남녀 공히 파란 많은 반평생을 살아갈 운기이지만 그것은 반드시 간난 신고가 많다는 것은 아니고 특히 천운이 강하게 태어난 사람이므로 빈곤에 빠지는 법은 없으며 비교적 행운을 지닐 것이며 장수도 할 것입니다.

용띠 전반기생의 천성

용띠의 전반기에 출생한 사람은 사려 분별심이 깊은 천성으로서 밖으로 보기에는 대단히 부드럽게 보이나 내심은 상당히 기가 강하고 다소 급한 성질입니다. 따라서 무엇인가 큰 일에 부닥치면 성급해지며 깊이 생각할 줄 모르고 결단을 내려버리는 점이 있습니다. 그래서 적절한 판단을 하는 면이 모자라서 결국 실패를 자초하는 일이 많아 후회하게 되는 것입니다. 또한 이 해에 태어난 사람은 가족과의 인연이 박한 편이어서 좋은 뜻으로 행한 일이 가정불화의 원인이 되는 경우가 많습니다. 또한 사소한 일에 신경을 써서 고민하는 경향도 있습니다.

용띠 후반기생의 천성

용띠의 후반기에 출생한 사람은 사회성이 발달하고 남과는 부드럽고 온후하게 교제하기 때문에 신용을 얻고 고위고관으로 승진할 천덕이 있기 때문에 공무원이나 일반 고용인이 되어도 출세가 빠르고 안정된 생활을 할 수 있는 복을 갖고 있습니다.

그러나 한 가지 유념할 것은 집념이 강한 점이나 속이 좁은 결점이 있기 때문에 주위사람과의 인화를 깨는 그리하여 스스로 복을 잃는 경우도 있는 것입니다. 또한 가정운은 그리 좋지 않기에 주의를 요합니다.

용띠생의 운세

용띠에는 갑진(甲辰), 병진(丙辰), 무진(戊辰), 경진(庚辰), 임진(壬辰)의 다섯 가지의 오간이 있음은 앞에서 기술한 바와 같으나 그외에 삼벽목성(三碧木星), 육백금성(六白金星), 구자화성(九紫火星) 등의 구성으로 나눠 볼 수 있습니다. 이와같이 간이나 구성을 각기 달리하기 때문에 같은 용띠생이라해도 그 운성의 섭리에 기초하여 천성과 운세의 성쇠에 변화가 있음은 말할 필요가 없습니다. 따라서 이래와 같이 각년생의 특성과 생월의 운세 대요를 참고로 실습니다.

갑진(甲辰)년 생 용띠의 운기 성쇠

갑진년 생은 자부심이 강하고 노하기를 잘하며 겸양지덕이 부족하기 때문에 일에 실패하고 운세도 열지 못하는 일이 많습니다. 따라서 마음을 크게 갖고 일에 진실성을 발휘한다면 반드시 개운하고 천복을 얻을 것입니다.

1월생의 사람: 호기(豪氣)스럽게 보이나 한번 실패하면 비굴해지기 때문에 운세가 열리지 않습니다.

2월생의 사람: 마음이 쉽게 변하는 결점이 있으나 사려심이 있고 기예(技藝)에 통달하게 되어 상운(上運)이 되겠습니다.

3월생의 사람: 보통의 중운으로 발달성은 있으나 정에 약해서 재물이 흩어지고 운기는 열리지 않습니다.

4월생의 사람: 지려가 깊고 인정도 많으나 노고성으로 개운이 늦어집니다.

5월생의 사람: 중운에 속하나 지혜가 있고 머리 회전이 너무 빨라서 오히려 재난을 초래하고 고생이 중첩됩니다.

6월생의 사람: 무슨 일이나 지나치게 생각하고 게으름에 빠지는 일이 없도록 삼가한다면 개운되어 행운이 됩니다.

7월생의 사람: 한때는 성운을 맞이하나 다시 쇠퇴하여 고생하게
됩니다.

8월생의 사람: 고지식하고 한 가지 기예에 통달합니다. 착실하게
전진하면 운세는 열리고 복도 얻게 됩니다.

9월생의 사람: 관운에는 복이 박하고 상인이 되면 번창하나 게으
름은 금물입니다.

10월생의 사람: 방임 태만한 기질이 있으나 노력을 한다면 운세도
열리고 복도 얻어집니다.

11월생의 사람: 호쾌한 성질로 힘만 믿고 논쟁을 좋아하므로 운세
도 열리지 않고 복도 박합니다.

12월생의 사람: 보통의 중운이고 복분도 있으나 용기가 지나치면
재액을 불러 쇠운으로 고생합니다.

병진(丙辰)년 생 용띠의 운기 성쇠

병진년 생은 기가 강하고 볼품도 있으나 결단력이나 담력이 부족해서 큰 일을 못하고 운세도 마지막 한발이면 성공할 수 있는 찰라에서 개운되지 못하고 좌절하게 됩니다. 그러므로 건실하게 행동하고 신념을 갖고 전진하지 않으면 개운은 안 됩니다. 또한 생월에 따라 성품이나 운세에 차이가 있습니다.

1월생의 사람: 사람이 너무 기강하고 남의 말은 결코 듣기 싫어하며 한번 노하면 맹렬하게 논쟁을 벌이는 성품 때문에 하운입니다.

2월생의 사람: 운세는 좋은 편이나 지나친 사려심 때문에 오히려 그릇된 길로 빠지게 되어 복을 해치게 됩니다.

3월생의 사람: 복은 타고났으나 의지력이 약해서 주색에 빠지기 쉽기에 깊이 삼가해야 합니다.

4월생의 사람: 지혜나 사려심이 깊어 일을 교묘하게 처리해 가므로 실패도 없이 운세가 왕성할 것입니다.

5월생의 사람: 재치는 있는 편이나 마음의 동요가 심해서 운세는 좀처럼 열리지 않습니다.

6월생의 사람: 지혜가 있고 기능면에도 남을 능가하는 점이 있으나 방해운도 있어서 중위 정도의 운세입니다.

7월생의 사람: 의협심이 있어서 남을 잘 돌봐주고 운세도 열리겠으나 대체로 중운에 속합니다.

8월생의 사람: 완고한 기품은 있으나 노력을 하기에 복분도 두텁고 운세도 순조롭습니다.

9월생의 사람: 마음속에 비천한 점이 있어 운기는 충분히 뻗어가지 못하고 운세도 망설여 집니다.

10월생의 사람: 마음이 정직하고 모든 일에 성의를 갖고 노력하므로 개운도 빠르고 천복을 다할 것입니다.

11월생의 사람: 마음의 동요가 심해서 아무것도 이루지 못하고 복도 박해서 고생하게 됩니다.

12월생의 사람: 중운이나 남과 인화를 도모하지 않으면 설패가 많고 복도 감하게 됩니다.

무진(戊辰)년 생 용띠의 운기 성쇠

무진년 생은 지나치게 강정한 점이 있어서 남의 말을 잘 들으려 하지 않기 때문에 열리는 운세를 역전시키기도 합니다.

넓게 가슴을 열고 남의 의견도 받아 들여 세상 물정도 익힐 것이며 들뜨지 않은 마음으로 진실되게 노력한다면 천덕을 얻을 수 있습니다. 또한 생월에 따라 성품, 운세에 차이가 있기에 다음과 같이 요약하니 참고하십시오.

1월생의 사람: 거만한 점이 있어 항상 논쟁이 끝날날이 없고 스스로 운명을 거역, 운세 개발이 안 됩니다.

2월생의 사람: 중위의 운세이나 사려 깊게 행동하므로 실패가 적고 만사 순조로워 행복해 집니다.

3월생의 사람: 다소 바람기가 있어서 운세가 뻗어나가는 데 장애가 있으나 교제가 넓은 덕으로 소복은 있습니다.

4월생의 사람: 지식과 사려심도 있기에 중운이긴하나 병액이 있으므로 주의해야 합니다.

5월생의 사람: 사리 사욕만을 추구하는 면이 있어 장애가 많고 운세도 개발되지 않고 복분도 박한 편입니다.

6월생의 사람: 운세는 왕성해질 소인은 있으나 노력 부족으로 금전을 간직하긴 어렵겠습니다.

7월생의 사람: 의기가 있고 친절하기 때문에 운세는 열려가겠으나 난폭한 점도 있기에 복을 해치게 됩니다.

8월생의 사람: 한 가지 기능에 통달하고 발달도 하겠으나 한때의 왕성한 운세가 오래가지는 못하겠습니다.

9월생의 사람: 천부적인 덕이 있는 좋은 운세이나 의리나 인정을 잃어버리면 복에 손해가 있습니다.

10월생의 사람: 중운으로 한 가지 기예에 통달할 수 있으나 너무 기강하여 장애를 받을 것입니다.

11월생의 사람: 용기가 있는 점은 좋으나 만용을 발휘하면 운세를 파괴하고 곤경에 처하게 됩니다.

12월생의 사람: 자기 고집대로만 믿고 나가려하나 이점만 삼가한 다면 중운으로 행복해 집니다.

경진(庚辰)년 생 용띠의 운기 성쇠

경진년 생의 용띠는 독립의 의지가 강하나 앞으로 나아가려는 생각만을 갖고 있기 때문에 어떠한 일에나 성품이 거칠어지고 운세도 미혹에 빠져 상승이 안 됩니다. 특히, 기질이 거칠어서 남과 다투려는 뜻을 버리지 못하면 하운이 되어서 천덕을 해치는 결과가 될 것입니다.

생월에 따라 성품, 운세에 차이가 있기에 내용을 참고 하십시오.

1월생의 사람: 항상 얼굴에 노기를 띠어 남과 논쟁이 많아 운세가 발전하지 못하고 하운입니다.

2월생의 사람: 복도 많고 중운이나 의혹심이 많습니다. 진실되게 행동하지 않으면 복을 잃게 됩니다.

3월생의 사람: 운세는 중운이나 노력 여하에 따라 희망을 달성할 수 있습니다. 그러나 앞뒤를 잘 가리지 않으면 실패하게 됩니다.

4월생의 사람: 바람기가 있으나 애교가 있기 때문에 남과 친화하도록 노력하면 복분을 얻을 수 있습니다.

5월생의 사람: 사려심이 깊은 면이 있으나 결단력이 부족해서 기회를 놓치고 운세도 뻗지 못합니다.

6월생의 사람: 무슨 일에나 능력이 있어 노력만 한다면 운세는 왕성해지고 천복을 다 누릴 것입니다.

7월생의 사람: 결단력이 있고 행운도 많아서 진심을 다 한다면 성운이 되겠습니다.

8월생의 사람: 행운의 길조가 있으므로 어진 마음을 갖고 자기 고집을 삼가한다면 대성할 수 있습니다.

9월생의 사람: 고지식하여 중운의 암시도 있으나 인화를 고려하면서 앞으로 나아간다면 행운을 맞을 것입니다.

10월생의 사람: 온유하면서 침착한 기질이어서 실패는 적고 천복도 있어서 행운을 얻게 됩니다.

11월생의 사람: 좋아하고 싫어하는 호악의 기질이 강하고 말이 적어 고생을 하겠으나 중운입니다.

12월생의 사람: 용기가 지나쳐서 남과 화합하기가 힘들고 장애를 스스로 만들어 운세가 열리지 않습니다.

임진(壬辰)년 생 용띠의 운기 성쇠

임진년 생의 용띠는 중위의 운기이나 기질의 변화가 심해서 정신이 안정되지 않고 여기저기에 손을 대기 때문에 손실도 많고 운세는 파란을 겪게 되고 쇠운을 초래하게 됩니다. 마음이 안정되도록 모든 일에 심중함이 중요합니다.

생월에 따라 성품, 운세가 각각 다르기에 참고 바랍니다.

1월생의 사람: 마음에 안정이 없고 남과 다툼이 끊이지 않기에 장애가 많은 운세로 앞이 열리기 어렵습니다.

2월생의 사람: 용기가 있고 대업을 바라지만 기회를 잡기가 극히 어려워 중운으로 끝나겠습니다.

3월생의 사람: 수예부분에 소질이 있고 또한 덕이 있어서 건실한 길에 뜻을 두어 전진하면 복을 얻을 것입니다.

4월생의 사람: 상당한 천복을 타고났으나 나약하고 게을러서 운세는 뻗어가기가 힘듭니다.

5월생의 사람: 무슨 일에나 겸손한 마음이 지나쳐서 진출의 기회를 놓치게 되고 운세의 개발이 늦어집니다.

6월생의 사람: 마음의 동요가 심하고 진로를 결정하지 못하여 운세도 주저하게 되고 복에 해롭습니다.

7월생의 사람: 기략이나 책략이 뛰어난 성품이나 스스로 마음의 헷갈림을 깊게 하여 실패를 되풀이하고 고생을 하게 됩니다.

8월생의 사람: 성질이 강만하면서 자아가 너무 강하여 운세를 거슬려 천복을 해치게 됩니다.

9월생의 사람: 앞뒤를 헤아리지 않고 생각나는 대로 행동하기 때문에 실패를 되풀이 하게 되고 운세가 열리기 힘듭니다.

10월생의 사람: 큰 일을 꿈꾸게 되나 나태하고 실행을 못하게 되어 개운이 늦고 복이 적습니다.

11월생의 사람: 용감한 점은 좋으나 사람을 밀어내는 행동이 되어 화근이 되기 쉽고 복분에 해롭습니다.

12월생의 사람: 외면으로는 도량이 커 보이나 내심은 노기를 띠고 있어 복을 해치고 운세는 열리지 않습니다.

구성(九星)으로 본 천성과 운세

용띠생으로 삼벽목성(三碧木星)의 천성과 운세

용띠중 삼벽목성의 사람은 정직하고 진실한 천성이기에 도량도 그리 넓지 못하고 또한 노기를 얼굴에 나타내는 성질이 있습니다. 그러나 자기의 길을 고수하면서 근면하게 생활하기에 운세의 개발은 빠릅니다만 세상사를 그대로 받아들이기 때문에 운세에 기복이 많습니다.

그러나 천복이 있어서 운세도 강한 편이기 때문에 급한 성미를 삼가하고 작은 고통을 견디어 분발한다면 만년은 안락할 것입니다.

용띠생으로 육백금성(六白金星)의 천성과 운세

용띠로서 육백금성의 사람은 무엇이나 고상한 것을 즐기며 기품도 있어서 근면하게 일하는 천성이기 때문에 신용을 얻게 되고 따라서 운세도 점차 열리어 즐거운 세상살이를 할 수 있는 복이 있습니다. 그러나 다소 강만한 성질도 있어서 남에게 지기 싫어하는 기질이어서 설혹 틀린일이라도 밀어 붙이려는 나쁜 버릇이 되어 남의 반감을 사서 손해를 보게 됩니다. 인화에 힘써서 진실하게 노력한다면 중년 후기부터는 운세가 성대해져서 천덕을 얻을 수 있게 될 것입니다.

용띠생으로 구자화성(九紫火星)의 천성과 운세

용띠로서 구자화성인 사람은 인내력이 강하고 사물을 처리하는 데 있어 대단한 노력가의 천성이어서 대사업에 성공할 수 있는 운세가 있습니다. 그러나 천부적인 노력의 근성도 중년기에는 중도 좌절하기도 해서 가장 중요한 시점에 고심하게 되고 또한 색욕에 강하면서도 유혹에 약하여 실패하는 수도 있습니다.

그러나 성공운이 있기 때문에 견인 불발의 정신으로 극력 노력해 볼 일입니다. 중년기부터 만년에 걸쳐 왕성한 운세이기에 대단한 행운을 얻을 것입니다.

용띠의 상성(相性)

상성이 좋고 나쁨은 궁합 연담은 말할 것도 없고 사회적 대인관계나 방위(方位), 해당 년·월·일·시의 길흉에 관련된 중요한 것입니다.

진(辰)은 방위로는 동동남(東東南)의 방위에 해당되기 때문에 이 용띠의 사람은 이 방위가 본명위(本命位)가 되는 것입니다.

때문에 이 용띠의 사람은 지지(地支)상의 사(巳)방위와 함께 주역상의 손(巽)방위라고 하여 양기를 받는 길한 방위가 되는 것입니다. 그러므로 이 사람은 이 방위의 용법을 잘 이용하여 틀리지 않도록 주의해야 할 것입니다.

용띠의 지지 구성 길흉표

· 地支 ·

대길 (大吉)	자(子) 신(申) 유(酉)
길 (吉)	인(寅) 사(巳) 오(午) 미(未) 해(亥)
흉 (凶)	축(丑) 묘(卯) 진(辰)(害·破·刑에 해당)
대흉 (大凶)	술(戌)(冲에 해당)

· 九星 ·

九星 吉凶	삼벽목성인	육백금성인	구자화성인
대길 (大吉)	일백수성	이흑토성 오황토성 팔백토성	삼벽목성
길 (吉)	사록목성 구자화성	일백수성 칠적금성	이흑토성 오황토성 팔백토성
반길 (半吉)	삼벽목성	육백금성	구자화성
흉 (凶)	이흑토성 오황토성 팔백토성	삼벽목성 사록목성	육백금성 칠적금성
대흉 (大凶)	육백금성 칠적금성	구자화성	일백수성

용띠의 직업

용띠의 천품은 보물을 많이 실은 배가 파선되는 상(象)이기 때문에 대기업인 선박업이 좋다고 보는 경향도 있으나 한 마디로 토목건설, 건축청부업 등이 제일 좋고 독립적으로 경영하는 공업과 상업을 두 번째로 치며 관공서 등의 봉급생활자는 하위직이라고 판단됩니다.

용띠생은 그 천성이 호기(豪氣)스럽고 인내심이 강하고 무슨 일이든 끝까지 해내고 마는 의욕이 있기 때문에 건설 등에 관계되는 사업에 종사하는 것이 가장 알맞은 직업일 것입니다. 성공의 가능성은 대단히 많다고 봅니다. 그외는 광업도 좋고 석유관계의 사업에 종사해도 대성할 것입니다.

이밖에 해운, 어업, 항공기 제작이나 항공회사 등도 적직으로 성공 가능성이 있습니다. 또한 장사를 한다면 슈퍼마켓과 같은 다각경영의 상업이 좋으나 어떤 직업을 선택하든간에 좋은 천성을 살려서 자기에게 맞는 직업을 선택해야 할 것입니다.

진월(辰月)생의 운세

진월이라면 음력 3월에 해당합니다. 양력으로는 대략 4월 5일 전후부터 5월 5일 전후가 되니까 생년의 달력에 주의해야 합니다.

진월생의 사람은 그 성격이 좀 비뚤어진 편이어서 말에도 모가 나고 무슨 일에나 노기를 띠며 곧 쟁론을 즐기는 버릇이 있어서 천복이 있어도 그것을 누리지 못하고 운세 개발도 늦어지게 됩니다.

진월 전반기에 출생한 사람은 비교적 성격이 활발하고 교제술도 능한 편이나 나아갈 줄만 알고 물러설 줄을 모르는 성격 때문에 화근을 만들고 백 가지 일에 좌절하게 되기에 이것을 고치지 않는

다면 운세는 열리지 않습니다.

진월 후반에 출생한 사람은 재지(才智)가 있고 기회도 있으나 좀 소극적이어서 일처리가 늦어지는 관계로 정신적인 고통만 더할 뿐 행운을 잡지 못합니다.

여자라면 다소 적극적인 행동을 하게 되나 남녀 공히 배우자의 인연이 박한 편이고 또한 정신적인 신병이 있으니 항상 조심하지 않으면 안 됩니다.

용띠의 신병과 수명

용띠의 신병 예측

용띠는 비장의 지배를 받는다고 하나 사계절 기후 변화에 따라 항상 흉통, 수종각기(水腫脚氣), 근육통, 위장병 등을 앓기 쉽습니다. 그외에 습독, 눈병, 두뇌병 등에 주의해야 합니다. 용띠의 병은 병원은 표면에 나타나지 않고 병증을 경증으로 보이나 주병은 비교적 깊고 윗부분에 있으며 오래 끌게 됩니다.

용띠의 수명

○ 갑진년 생은 51세를 넘기면 69세 이상의 수명이 있습니다.
○ 병진년 생은 51세를 넘기면 67세 이상의 수명이 있습니다.
○ 무진년 생은 60세를 넘기면 94세 이상의 수명이 있습니다.
○ 경진년 생은 39세를 넘기면 76세 이상의 수명이 있습니다.
○ 임진년 생은 36세가 지나면 59세 이상의 수명이 있습니다.

※ 또한 진각(辰刻)에 출생한 사람은 19세, 27세, 36세, 39세의 4개년에는 재액에 각별히 주의해야 하며 이 해를 넘기면 75세까지는 안태한 여생을 보낼 수 있습니다.

뱀띠(巳年)생의 천성과 운세

뱀띠의 생년

정사 (丁巳)　이흑토성 (二黑土星)　1917년생

기사 (己巳)　팔백토성 (八白土星)　1929년생

신사 (辛巳)　오황토성 (五荒土星)　1941년생

계사 (癸巳)　이흑토성 (二黑土星)　1953년생

을사 (乙巳)　팔백토성 (八白土星)　1965년생

정사 (丁巳)　오황토성 (五荒土星)　1977년생

기사 (己巳)　이흑토성 (二黑土星)　1989년생

뱀띠(巳年) 생의 천성

　뱀띠, 사(巳)년 생이라고 한 마디로 말하나 실은 출생년대에 따라서 천간(天干)은 각각 달라서 을사(乙巳), 정사(丁巳), 기사(己巳), 신사(辛巳), 계사(癸巳)년의 오간이 있고, 또한 이흑토성(二黑土星), 오황토성(五荒土星), 팔백토성(八白土星)과 같이 세 가지의 구성(九星)으로 나눠지기 때문에 그 천성이나 운세는 결코 같을 수가 없습니다.

　그러나 뱀띠의 천성은 일반적으로 마음이 너그러우며 인내력이 있고 성품이 고상하여 대단히 온화한 천성을 타고났습니다. 또한 무엇이든 계획을 세워 마음을 정하고 착수를 하면 그 일을 무슨 일이 있어도 해치우고마는 실행력을 발휘하기 때문에 대개는 성공하는 천운을 타고났습니다.

　또한 뱀띠는 지(智)·인(仁)·용(勇)의 천덕을 타고나서 만사 복이 많은 천성이지만 반면 허영심이 강해서 외관에 치우치는 경향이 있고 또한 감정이 격렬한 점이 있어 가끔 신경질적인 기분을 폭발시키는 성급한 면이 있습니다.

　남의 호감을 사는 편이고 손아랫사람의 지지도 받는가하면 손윗사람의 보살핌을 얻는 천덕을 갖고 있으나 의외로 노고성도 있어서 자기 일 뿐만이 아니라 남의 일까지도 마음써서 일부로 고생을 사는 성품입니다.

　그외에 대단히 의심이 많은 성질로 처음부터 의심을 하고 대드는 성질이기에 잠시도 쉬지않고 신경질적인 정신 고통만 더해가는 것입니다.

또 이 뱀띠는 사양심이 많아서 남이 권할 때나 또는 당연히 손을 써도 될 일에도 스스로 지나치게 염려하여 몸을 사리기 때문에 얻기 힘든 찬스도 놓치는 경우가 많습니다.

그런가 하면 생각이 깊어서 어떤 일이든지 결코 자만하거나 소홀하지 않으며 같은 일을 몇 번이라도 되풀이하는 버릇이 있어 진출이 늦어지기도 하나 그와같은 주의의 심덕으로 큰 난을 피해가기도 합니다.

그와같은 주의심이 있는 반면에 한번 신용을 하면 맹목적으로 믿어버리는 습성이 있습니다. 그만큼 본심은 바르고 순진하기 때문에 거짓말을 모르는 성질이고 무슨 일이든지 진실과 진의만으로 밀고가는 사람이라고 할 수 있습니다.

뱀띠중의 남자는 상당히 발명적인 두뇌의 소유자로 고도의 이상가이기도 합니다. 그리하여 올바른 계획을 세우면 그것을 완성하기 위하여 모든 노력을 기울이는 각오와 용기가 있습니다. 따라서 대부분의 일은 달성하게 됩니다.

뱀띠중의 여성은 용모가 아름답고 뛰어난 사람이 많다고 합니다. 천성은 남자 못지 않게 사회에 당당히 진출해서 남자와 어깨를 나란히하여 실사회에서 분투 노력하며 활약하는 여자가 적지않은 것입니다. 그러나 고생줄은 면하기 어려워서 사회적으로 대립되는 상대방의 신상 문제에 신경을 쓴다든가 가정부인이라면 남편 때문에 고생을 하게 됩니다. 물론 허영심도 강해서 굉장히 사치를 하기 때문에 역시 고생이 따르게 됩니다.

뱀띠는 남녀 고히 색정 때문에 방황하는 일이 많습니다. 특히 의심이 많은 점이 질투심이 되어 여러 가지 고생의 씨앗이 되기도 하고 또한 문제를 일으켜서 생활의 안정을 해치는 결과가 되기 쉬우므로 주의하지 않으면 안 됩니다.

뱀띠 전반기 생의 천성

뱀띠로 그 해 전반기에 출생한 사람은 손윗사람의 도움을 받을 수 있고, 고위에 오를 수 있는 징조가 있기에 관공서나 대기업에 근무한다면 승진도 빠르고 복도 받게 됩니다. 그외 다소 기복도 있기에 청년기에는 일진 일퇴하는 파란도 생각할 수 있습니다. 어떻든간에 논쟁의 와중에 휘말리게 되면 지위를 잃게 되는 큰 곤란에 빠지게 되므로 주의하지 않으면 안 됩니다. 대체적으로 이 운명의 사람은 평범하게 보이나 일단 기회를 잡고 파도를 타기만 하면 예기치 못한 눈부신 큰 발전을 기대할 수 있습니다.

뱀띠 후반기 생의 천성

뱀띠해의 후반기에 출생한 사람은 인품이 좋아서 고위고관에 오를 징후가 있고 상인이 되어도 발전 번영할 수 있는 덕분이 있기 때문에 자기의 진로를 깊이 생각해서 올바른 길을 택하고 적극 노력하면 어떠한 일이라도 대성할 수가 있습니다.

한편 이때 출생한 사람은 질투심이 대단히 강해서 의심증을 참지 못하고 안색에 나타내고 사사건건 노기를 품기 때문에 집안이 불화하고 더 나아가면 파멸의 길로 떨어질 수 있기에 깊이 삼가하지 않으면 안 됩니다.

뱀띠생의 운세

뱀띠에는 을사(乙巳), 정사(丁巳), 기사(己巳), 신사(辛巳), 계사(癸巳)의 다섯 개의 간지가 있고 그외 구성학상 이흑토성(二黑土星), 오황토성(五荒土星), 팔백토성(八白土星)의 구별이 있습니다. 이와같이 간지와 구성을 달리하기 때문에 같은 뱀띠라도 그 운성과 천리에 근거하여 천성과 운세의 성쇠 변화가 있음은 말할 필요 없습니다. 아래에 각월생의 특성과 운세의 대요를 들어 참고로 하겠습니다.

을사(乙巳)년 생 뱀띠의 운기 성쇠

이 해에 출생한 사람은 고상한 것을 즐기며 경박한 짓은 싫어하고 성실하게 노력하는 편입니다. 따라서 운세는 견실하게 열려가겠습니다. 아울러 남의 호감을 사는 성질인 동시 손윗사람의 은혜도 입게 되는 천복을 받아서 번영하게 됩니다.

생월에 따라 성품이나 운세에 차이가 있습니다.

1월생의 사람: 기분에 변화가 있어 대인 교제에도 변전이 있게 되나 대체로 해가없이 중운의 운세입니다.

2월생의 사람: 천복을 타고나서 한 가지 기술에 능통하게 되고 만사에 잘 대처하므로 운세는 열려갑니다.

3월생의 사람: 외모 치장을 좋아하고 태만한 기질이 있고 노력 부족 때문에 하운이 되겠습니다.

4월생의 사람: 사려심이 있기는 하나 결단력이 부족해서 운세가 혼미해지고 복도 박하겠습니다.

5월생의 사람: 운세 개발의 징조가 있으나 스스로 속을 태우는 성질로 다툼을 자초하기에 실패가 많습니다.

6월생의 사람: 성질이 강하여 틀린 일도 억지로 밀고가는 무리가 있어 실패가 많고 운세도 열리지 않습니다.

7월생의 사람: 지능이 발달되어 중운이나 책략에 빠져 개운되지 않고 박복합니다.

8월생의 사람: 완고해서 남을 멸시하는 경향이 있으나 이 점을 삼가한다면 중운이 되겠습니다.

9월생의 사람: 기세는 왕성하나 너무 침착해서 실기하고 천복을 잃는 격이 되겠습니다.

10월생의 사람: 기가 강하여 다툼을 잘하고 사람을 대하는데도 좋고 싫음이 많아 운세 개발이 늦어집니다.

11월생의 사람: 기질이 우수하고 천복도 갖추어져 있어서 노력 여하에 따라 대성합니다.

12월생의 사람: 운세가 상중상이어서 마음 먹은 대로 진척되나 자만하면 실패수도 있습니다.

정사(丁巳)년 생 뱀띠의 운기 성쇠

이 해에 출생한 사람은 사려심이 깊고 기예에도 통달할 수 있는 천덕이 있기 때문에 운세는 점차 왕성해지고 노력만 한다면 천덕을 다 얻을 것입니다. 그러나 일이 순조롭게 진행되면 기분이 들떠 버리기에 이점 삼가하지 않으면 복을 해치게 됩니다. 생월에 따라 성품이나 운세에 차이가 있으므로 주의가 필요합니다.

1월생의 사람: 심성이 침착하여 실패는 적으나 음기로 우울한 면이 있어 점차 하운이 됩니다.

2월생의 사람: 한 가지 예능에 통달하여 사람들의 사랑을 받아 한 때는 성운이겠으나 중년부터는 쇠운으로 기울어집니다.

3월생의 사람: 외관을 과장하여 남에게 위압감을 주어 결국은 원한을 사서 점차 쇠운이 됩니다.

4월생의 사람: 중운으로 인정이 두텁고 재능도 있으나 활동력이 둔해서 복을 놓치게 됩니다.

5월생의 사람: 남을 경시하는 점이 있고 운세에 부침(浮沈)이 많아서 만사 신중하게 대처해야 합니다.

6월생의 사람: 지능이 있고 실행력도 있으나 노력이 부족하고 박복하겠습니다.

7월생의 사람: 자아가 강하고 책략에 눈이 어두워 대개는 실패하
게 되고 하운입니다.

8월생의 사람: 재능이 있어서 한때 왕성한 운세이나 너무 고지식
하여 천복을 잃습니다.

9월생의 사람: 성실하나 운세에 성쇠가 많고 고생도 많기에 안태
를 바라기는 중년 이후가 되야 합니다.

10월생의 사람: 고지식하고 완고한 점이 있으나 음기이므로 운세
개발이 안 됩니다.

11월생의 사람: 지나치게 기강하여 적을 만드는 일이 많고 하지만
장사를 하면 발달됩니다.

12월생의 사람: 재주가 많은 천성으로 태만심만 삼가 한다면 상운
이 되어 복을 받습니다.

기사(己巳)년 생 뱀띠의 운기 성쇠

기사년 생은 지혜도 있고 감정도 깊어서 운세는 상당히 상위운 이라고 하겠으나 자아가 너무 강한면이 있고 책략에 빠져 곤경에 빠지면 천복을 해치는 수도 있기에 주의하지 않으면 안 됩니다.

출생월에 따라 성품, 운세가 달라지기에 각각 주의해야 할 것입 니다.

1월생의 사람: 중운이나 운세에 성쇠 파란이 있겠으며 활발하게 행동하면 개운됩니다.

2월생의 사람: 밖으로 보기에는 화려하게 보이나 내심은 침착하게 행동하므로 운세는 개발됩니다.

3월생의 사람: 인내력이 강한 성질로 어느 정도 향상운이나 허영 심도 있어서 하운이 되기 쉽습니다.

4월생의 사람: 사려심도 있으나 타인 때문에 고생이 많고 운세는 늦게 열리겠습니다.

5월생의 사람: 기예부분에 통달할 수 있고 운세도 점차 상승되어 복을 얻게 됩니다.

6월생의 사람: 의협심이 있으나 박정한 면이 있기 때문에 운세가 뻗어 나가기가 힘들겠습니다.

7월생의 사람: 인정이 많고 생각도 깊으며 노력하는 형이나 중운
으로 복도 다소 박하겠습니다.

8월생의 사람: 큰 사업을 꿈꾸지만 일시 성공해도 오래가지 못하
고 박복한 편입니다.

9월생의 사람: 지혜와 심려심이 있고 결단도 빠르기 때문에 만사
가 호조로 열리고 운세는 점차 발전합니다.

10월생의 사람: 기예부분에 통달하나 남과의 교제를 싫어하기 때
문에 운세가 늦게 열리겠습니다.

11월생의 사람: 아집이 강한 천성으로 남의 비위를 맞춘다든가 애
교가 서툴러서 운세 개발이 늦으나 중운은 되겠습
니다.

12월생의 사람: 기품이 있고 들뜨는 기분 때문에 생각 대로 발전
은 어려우나 복분은 있습니다.

신사(辛巳)년 생 뱀띠의 운기 성쇠

신사년 생은 간사한 지혜가 많고 사람을 부리는 모략성이 있기 때문에 오히려 실패도 많고 운세를 해치는 격이 됩니다. 그러나 애교가 있기 때문에 남과 화합을 잘하므로 적선(積善)의 공을 드리면 천덕을 얻어 앞길이 열리고 중년 후에는 운세 왕성해져서 복도 얻게 됩니다.

생월에 따라 성품이나 운세에 차이가 있기에 주의해야 합니다.

1월생의 사람: 생각이 깊고 계획을 잘 세우므로, 무엇을 하더라도 성공할 수 있는 천덕과 복이 있습니다.

2월생의 사람: 대사업을 기획하나 마음이 자주 변하고 거칠기 때문에 천복을 해칩니다.

3월생의 사람: 한 가지 기예에 통달하나 태만심이 있어서 뻗어가지 못하고 중년 이후에나 변동이 있습니다.

4월생의 사람: 자만심이 강하나 겉치레를 좋아하기에 복은 박한 편입니다.

5월생의 사람: 천복은 박하나 큰 야망을 갖지 않는다면 중운으로 편안한 생활을 할 것입니다.

6월생의 사람: 기품이 높고 마음이 안정되지 않기에 일에 진척이 어렵습니다. 복도 박복합니다.

7월생의 사람: 계획은 많이 세우나 실행은 되지 않아 운세는 미혹
에 빠져 대단한 노력이 필요합니다.

8월생의 사람: 자아가 강하고 만심하기 때문에 무엇에나 실패수가
많고 하운이 되겠습니다.

9월생의 사람: 완고하여 남의 말을 잘 들으려하지 않고 맹진하기
때문에 일이 성사되지 않고 복을 잃고 맙니다.

10월생의 사람: 비열한 마음이 있어 남의 미움을 사게 되므로 이
것을 고치지 않으면 개운되지 않습니다.

11월생의 사람: 마음에 노기를 띠고 무슨 일에나 강하게 대처하면
서 물러설 줄 모르기에 실패를 되풀이 합니다.

12월생의 사람: 천복이 있으니 들뜨는 기분을 삼가고 노력하면
행운이 옵니다.

계사(癸巳)년 생 뱀띠의 운기 성쇠

이 해에 출생한 사람은 지능도 갖추어져 있고 실행력도 있기 때문에 마음에 요동이 없이 진실되게 노력한다면 운세는 크게 발달하여 천복을 얻게 됩니다.

그러나 의혹심과 질투가 강해서 이점 반드시 삼가하지 않으면 천복을 해치게 될 것입니다.

생월에 따라 성품이나 운세가 다르므로 각각 주의해야 합니다.

1월생의 사람: 천복이 있어서 운세도 왕성하므로 앞으로 밀고 나가면 길합니다. 그러나 변심하면 실패합니다.

2월생의 사람: 중운에 속하나 의심이나 질투 때문에 실패하고 복도 해치게 되므로 삼가해야 합니다.

3월생의 사람: 한 가지 기능에 능통하므로 활발히 움직이면 상운이 되겠고 태만하면 하운입니다.

4월생의 사람: 얕은 재주가 있어 한 때 성공하나 진실성이 부족하여 실패합니다.

5월생의 사람: 재지(才智)가 우수하고 남보다 뛰어난 점이 있어 운세는 빨리 열리겠으나 사심(邪心)을 삼가해야 합니다.

6월생의 사람: 노하기 쉬운 천성으로 순조롭게 진척될 일도 노기 때문에 실패하고 복도 박복해집니다.

8월생의 사람: 그릇되게 미리 짐작하는 마음이 깊고 스스로 방황하기에 개발이 안 됩니다. 마음을 진정하도록 노력하면 길운입니다.

9월생의 사람: 큰 야심을 갖지 말고 행동을 조심하며 건실하게 행동해 나아가면 천복을 다 얻을 수 있습니다.

10월생의 사람: 잡념이 많고 남을 모함하므로 오히려 고생만 더하고 운세 개발이 늦습니다.

11월생의 사람: 친절하고 온순하기에 인망을 얻어 운세는 더욱 왕성해지고 천복을 얻습니다.

12월생의 사람: 지려가 깊고 진실하게 노력하면 천덕을 얻어 성공하겠으나 만심은 금물입니다.

구성(九星)으로 본 천성과 운세

뱀띠생으로 이혹토성(二黑土星)의 천성과 운세

뱀띠이면서 이혹토성인 사람은 발명심과 기획성이 뛰어난 천성으로 교묘하게 움직이는 성질이므로 외견상은 처세술이 능하게 보이나 중요한 실행력이 부족해서 찬스를 놓치기 쉽고 모처럼의 행운을 잡지 못하여 운세는 망설여지고 개운이 늦습니다.

대체적으로 유소년기부터 성년기에 걸쳐서 의식주에 부족함이 없이 비교적 유복하나 중년기에는 다소 쇠운이 되어 고생이 끊이지 않습니다. 특히 색기가 강해서 고생이 더합니다. 중년기 후반이나 만년 초기가 되면 기회를 잡아 행운이 될 것입니다.

뱀띠생으로 오황토성(五黃土星)의 천성과 운세

오황토성의 뱀띠는 도량은 비교적 크고 온후한 천성이나 의심이 많고 솔직하게 나아가지 못하면 강정한 성질 때문에 여러 가지 장애를 일으켜서 운세 개발이 늦어지고 고생하게 됩니다.

중년기에는 색난과 병난이 있기에 깊이 삼가하지 않으면 한평생 큰 고통을 자초할 수도 있습니다. 운세를 열어 가려면 남과 친화하는 것이 중요합니다. 때문에 적개심을 일으키지 않도록 삼가하고 자기의 직업에 전념하고 노력하는 것이 중요합니다.

뱀띠생으로 팔백토성(八白土星)의 천성과 운세

팔백토성인은 사양심이 많은 편이나 자기의 마음에 들지 않으면 곧 성을 내는 좀 편굴한 천성입니다. 또한 질투심이 강한 성질로 말이 많고 원만한 처사에 서툴어 운세는 지지 부진하며 열리지 않고 고생이 많은 생활이 됩니다.

대체적으로 고독한 운이어서 자식운이 박하던가 부부인연이 바뀌는 일도 있습니다. 중년기에는 한 때 성운도 있으니 크게 분발해서 행운을 잡으십시오.

뱀띠의 상성(相性)

상성의 호악은 혼담은 말할 것도 없고 사회적 대인관계나 방위(方位), 그 해의 달·일·시의 길흉에 관한 중요한 것입니다. 사(巳)는 방위로는 남남동(南南東)의 방위이기 때문에 사년 생은 이 방위가 본명위(本命位)가 됩니다. 사(巳)의 방위는 진(辰)의 방위와 합하여 손(巽)이라고 하는 양기(陽氣)를 받는 길방위가 되기에 사년 생은 특별히 이 방위를 이용하는데 틀리지 않도록 주의가 요구됩니다.

144

뱀띠의 지지 구성 길흉표

· 地支 ·

대길 (大吉)	축(丑) 유(酉)
길 (吉)	자(子) 묘(卯) 진(辰) 사(巳) 오(午) 미(未) 술(戌)
흉 (凶)	신(申) (刑·破에 해당)
대흉 (大凶)	인(寅) 해(亥)(刑·害·冲에 해당)

· 九星 ·

吉凶 ＼ 九星	이흑토성인	오황토성인	팔백토성인
대길 (大吉)	구자화성	구자화성	구자화성
길 (吉)	육백금성 칠적금성 오황토성 팔백토성	이흑토성 팔백토성 육백금성 칠백금성	육백금성 칠적금성 이흑토성 오황토성
반길 (半吉)	이흑토성	오황토성	팔백토성
흉 (凶)	일백금성	일백금성	일백금성
대흉 (大凶)	삼벽목성 사록목성	삼벽목성 사록목성	삼벽목성 사록목성

뱀띠의 직업

뱀띠의 천품은 꾀꼬리는 울고 봉황이 춤을 추는 고상한 상(象)이기 때문에 보통은 고위고관이나 이에 속하는 길로 나아감을 제일로 삼는 경향이 있으나 대체로 이 띠의 적직은 승려, 신관을 제일로 삼습니다. 그외 모든 상업은 그 다음의 직업이 되겠고, 잡역직은 하위로 판단됩니다.

사년 생은 천성이 고상하고 관대하며 지인용(智仁勇)의 삼덕을 겸비하고 있다고 불리워지고 있기에 승려나 신관 학자의 길로 들어선다면 대 종교가, 대 교육자로서 이름을 떨치는 가능성이 많습니다.

일반적인 상업은 전연 안 된다는 것은 아니나 발명적이고 지도성이 있는 두뇌를 살려서 학교의 경영, 아이디어의 안출 등 남보다 앞장서는 직업이 좋습니다.

또한 은행이나 대기업의 기획원, 신문기자, 관광사업 등에 관련된 일에 종사하면 큰 수완을 발휘하게 될 것입니다.

사월(巳月)생의 운세

사월이라면 음력 4월에 해당하고 양력으로는 대략 5월 5일 전후부터 6월 6일 전후사이가 됩니다만 생년의 달력을 주의해야 합니다.

사월생의 사람은 사려가 깊고 유화스러운 천성이나 의혹심이 깊어 모든 일에 주의심이 면밀합니다. 따라서 초지 일관하는 심성이 있기에 사람의 신뢰를 많이 받아서 운세도 점차 왕성해집니다.

사월 전반기에 출생한 사람은 한 가지 예능에 통달하는 천덕이 있으나 어떠한 일을 해도 너무 아집이 강해서 자기가 생각한 대로만 밀고가려 하기 때문에 실패하고 복을 해치는 일이 있습니다.

사월 후반기에 출생한 사람은 사상이 건실하고 실행력도 구비되어 있으므로 자기 신분에 상응하는 일에 종사한다면 반드시 성공도 하고 왕성한 운세도 타게 되겠으나 큰 사업에 손을 대면 이루지도 못하거니와 손재도 클 것입니다. 모험적인 일은 일체 피하는 것이 안전합니다.

뱀띠생의 신병과 수명

뱀띠생의 신병 예측

사년 뱀띠생은 심장의 지배를 받는다고 하나 사계절 기후 변화에 따라 위병, 눈병, 두통, 피로증, 황달, 신경통 등을 잘 일으키게 되므로 주의해야 합니다.

뱀띠는 병에 걸리면 깊이 있는 병이 되어 확연한 병증을 나타내지 않고 주병이나 부작용할 것 없이 중병으로 발전할 가능성이 있습니다.

뱀띠의 수명 예측

● 을사년 생은 49세를 넘기면 79세 이상의 수명이 있습니다.
● 정사년 생은 15세를 넘기면 64세 이상의 수명이 있습니다.
● 기사년 생은 26세를 넘기면 73세 이상의 수명이 있습니다.
● 신사년 생은 51세를 넘기면 81세 이상의 수명이 있습니다.
● 계사년 생은 45세를 넘기면 61세 이상의 수명이 있습니다.

※ 또한 사(巳)의 시각(時刻)에 출생한 사람은 31세, 36세, 49세는 가장 주의해야 할 해로서 재난을 당하든가 수명을 다하는 것은 이 3개년 사이에 있다고 하겠습니다.

말띠(午年)생의 천성과 운세

말띠의 생년

무오 (戊午) 일백수성 (一白水星) 1918 년생
경오 (庚午) 칠적금성 (七赤金星) 1930년생
임오 (壬午) 사록목성 (四綠木星) 1942년생
갑오 (甲午) 일백수성 (一白水星) 1954년생
병오 (丙午) 칠적금성 (七赤金星) 1966년생
무오 (戊午) 사록목성 (四綠木星) 1978년생
경오 (庚午) 일백수성 (一白水星) 1990년생

말띠(午年) 생의 천성

　말띠(午年)생이라 해도 출생한 년대에 따라 갑오(甲午), 병오(丙午), 무오(戊午), 경오(庚午), 임오(壬午)와 같이 천간을 달리하게 되며 또한 일백수성, 사록목성, 칠적금성과 같은 각각 다른 구성(九星)을 타고나기에 그 운명의 유인도 달라서 그 천성이나 운세가 각각 달라지게 되는 것은 당연합니다.

　그러나 대체적으로 말띠의 일반적인 성품, 천성은 대단히 양기(陽氣)가 강한 성질로서 화려한 것을 좋아하기 때문에 갇혀진 생활이나 음기(陰氣)스러운 것은 절대 싫어하는 성질입니다. 또한 변설(辯舌)이 천재적으로 교묘, 능숙하며 교제술이 좋아 막힘이 없으며 머리 회전도 빨라서 일처리를 잘하는 천성입니다.

　그러므로 번잡한 것을 좋아하고 화려한 것을 즐기니까 수입보다는 지출이 많게 되므로 즐기면서 돈을 벌고싶다는 마음이 생겨 일확천금의 야망을 갖고 투기 사업에 손을 대기도 하나 본래 큰 그릇은 아니기에 과단성 있는 행동은 취하지 못하는 성질이므로 투기도 용두 사미격으로 중도에 흐지부지하게 되고 맙니다.

　원래 이 말띠의 성질은 정직하면서도 심술궂고 노기를 잘떠어 남에게 속임을 당하든지 바보 취급을 당하면 즉시 폭발해 버립니다. 속이 상할 때는 상대가 누구이든 상관하지 않고 앞을 가리지 않는 편이나 사실은 비교적 소심한 편이어서 곧 후회하는 것입니다. 또한 천성적으로 변설이 교묘하다함은 대단히 말수가 많고 실패의 원인을 만드는 경우가 허다하여 「말띠는 입은 가볍고 엉덩이는 무겁다」라는 옛말이 있으므로 이 점을 교훈으로 알고 삼가해야 할 일입니다.

그외 이 말띠는 손아랫사람을 얕보는가 하면 손윗사람에게는 반감을 갖고 대하는 버릇이 있는데 이것이 손아랫사람을 쓰다듬는 것 같이 보이나 실제로는 진실성이 없어서 자기에게 이익이 되지 않는 것은 곧 배척하고 자기보다 앞서가는 것은 미워하는 자기 본위의 성질은 큰 결점이기에 고쳐야 할 것입니다.

남자로서 말띠는 역시 변설이 능하고 사교도 잘하므로 사람을 물리치지 않는 점이 있기 때문에 그 외교적인 수완을 인정받아 직업적으로 성공하는 사람도 있습니다. 한편 화려함을 좋아하고 과장하고 멋을 부리고 싶은 성질 때문에 지나침이 있게 되거나 허영심이 많아 고생이 그칠날이 없습니다. 이것이 뜻대로 되지 않으면 많은 빚을 지게 되어 큰 고통을 당하게 되므로 충분한 주의가 요구됩니다.

또한 이 해에 출생한 사람은 호색가로 여색을 즐기므로 따라서 실패가 많기에 깊이 삼가할 일입니다.

말띠의 여성은 굉장히 말이 많고 이야기를 잘하며 교제도 능숙하나 질투심이 대단히 강하여 남편의 안색을 살피는데는 천재적인 소질이 있어 이상한 일은 한눈에 간파해 버립니다. 그러나 자기자신도 매우 다정하여 색정에 눈이 어둡고해서 가정을 파탄하거나 그렇지 않으면 정부를 갖는 사람도 많습니다.

이 해에 출생한 사람은 대체로 남녀 공히 색정에 단점이 있어서 마음에 드는 이성이 있으면 남편이나 아내도 잊어버리고 마음이 움직이는 대로 흔들리는 점이 있으므로 깊이 경계할 일입니다. 이런 다정한 성질은 딴 일에도 나타나서 들뜨는 기분이 되어 직업을 바꾸든가 계획을 변경시키든가 하여 이일 저일로 전전하고 일관성 있는 일을 못하게 되니까 무슨 일을 해도 좌절하고 대성할 수 없습니다. 따라서 이 방황성을 고치지 않으면 개운되지 않습니다.

말띠 전반기의 천성

말띠해의 전반기에 출생한 사람은 회사원이나 장사를 해도 상당한 정도의 번영을 이룰 수 있으나 마음의 변동이 심해서 안정이 안 되고 전직 기운이 강해 한 가지 일에 뿌리 박지를 못하므로 오래 계속을 못합니다.

이런 성격은 직업상의 문제뿐만 아니라 거주지의 문제, 교우관계에도 변화가 심하기 때문에 안정이 안 되어 운세에도 영향을 주어 부침이 심하기에 주의하지 않으면 안 됩니다.

말띠 후반기생의 천성

말띠해 후반기에 출생한 사람도 변전의 운기가 많아서 회사원이 되거나 장사를 하든간에 복은 있어도 바뀌치기가 많습니다. 이때에 출생한 사람은 마음의 변동도 많습니다. 남을 칭찬하다가도 곧 그 사람을 헐뜯는다든가 사이가 좋은가 싶으면 결국 싸움으로 헤어지는 등 안정되지 않고 운세도 파란이 많아 고생을 하게 되므로 주의해야 할 것입니다.

말띠생의 운세

말띠에는 갑오(甲午), 병오(丙午), 무오(戊午), 경오(庚午), 임오(壬午) 등 오간으로 나누어지고 그외 구성(九星)으로는 일백수성(一白水星), 사록목성(四綠木星), 칠적금성(七赤金星)의 구별이 있습니다. 같은 말띠라 하여도 간(干)이 다르고 구성이 틀리기 때문에 그 운성의 유인에 따라 천성이나 운세의 성쇠가 다르게 됩니다. 아래에 각 생년의 특성과 각월생 운세의 대요를 추려 참고로 하겠습니다.

갑오(甲午)년 생 말띠의 운기 성쇠

갑오년 생은 양기(陽氣)의 천성입니다. 외관으로는 대단히 용기가 있는 사람처럼 보이나 의외로 담력이 약해서 과감한 전진이 안 되고 운세의 개발도 열려가지 않습니다. 그러나 복분은 있기 때문에 견실하게 처신한다면 실패도 적고 행복해 질 것입니다. 또한 생월에 따라 성품과 운세가 달라집니다.

1월생의 사람: 중운이지만 천복이 있어서 노력을 하면 행복해집니다. 주색에 주의가 요합니다.

2월생의 사람: 기질이 거칠고 고만하여 운기를 해칩니다. 깊이 삼가하지 않으면 안 됩니다.

3월생의 사람: 지각이 있고 깨끗하고 예쁜 것을 좋아하고 인망도 있어서 상운입니다. 여자이면 질투심이 강합니다.

4월생의 사람: 마음이 조급하고 경솔한 점을 삼가하면 천복을 얻어 점차 행복할 것입니다.

5월생의 사람: 성질이 느려서 운세 개발이 늦어집니다. 특히 주거에 대해 고생이 많을 것입니다.

6월생의 사람: 정신적인 노고가 많은 사람이나 장래의 계획을 세워 건실하게 나아가면 천복을 얻습니다.

7월생의 사람: 인내심이 강한 성질로 여러 가지 예능에 통달하므로 진실하게 노력하면 개운됩니다.

8월생의 사람: 질투심이 강하고 언중 유침이니 이점 삼가하면 개운됩니다.

9월생의 사람: 너무 고지식하고 지혜가 결핍되어 남과 친화하지 못하고 고생하게 되나 중운입니다.

10월생의 사람: 도량이 크고 인자하기 때문에 개운도 빨리되나 망설임을 경계해야 합니다.

11월생의 사람: 생각이 깊고 건실하게 전진하기 때문에 실패수는 적으나 개운이 늦어지고 말년에가야 발달됩니다.

12월생의 사람: 중운으로 노력을 하면 성공하나 방심하면 손비가 많고 실패합니다.

병오(丙午)년 생 말띠의 운기 성쇠

병오년 생은 타인과 친화하길 좋아하고 또한 분리하기 쉬운 천성으로 산만한 기질이 있기에 금전을 낭비합니다. 그러나 천덕이 있기 때문에 소행만 조심하면 운세는 점차 열리고 성운이 될 것이며 복분도 얻게 됩니다.

생월에 따라 성품이나 운세가 달라지므로 참고 하시기 바랍니다.

1월생의 사람: 마음이 안정되지 않고 노기를 띠면 더욱 격렬해지는데 이것을 삼가하지 않으면 개운은 어렵습니다.

2월생의 사람: 사려심이 있고 한 가지 기능에 통달하기 때문에 인화만 잘 이루어지면 개운됩니다.

3월생의 사람: 중운에 속하나 사치하고 색정에 휘말림을 경계하지 않으면 실패합니다.

4월생의 사람: 노고성이 많고 공은 나타나지 않고 주거 문제에 고생이 따르고 해서 개운이 늦습니다.

5월생의 사람: 천복은 타고났으나 신고가 끊이지 않고 방해가 있어 중년후에나 개운됩니다.

6월생의 사람: 여러 가지 예능에 통달하는 천덕이 있으나 마음의 안정이 어려워 운세는 늦게 열립니다.

7월생의 사람: 마음속으로 생각하는 점이 있어도 말을 못하는 성
질로 일을 처리함에도 완만하여 운세도 방황하고
쉽게 열리지 않습니다.

8월생의 사람: 남과 가까워질 수 없고 독단적으로 진행하는 성격
으로 실패가 많고 박복하겠습니다.

9월생의 사람: 한 가지 일에 전념하면 천복을 얻으나 마음이 심란
하면 실패합니다.

10월생의 사람: 자아가 너무 강하면 운세는 열리지 않고 교제를
넓게 하면 상운이 됩니다.

11월생의 사람: 기질이 강하고 무모하게 밀고가는 성격이어서 실
패합니다. 이것을 고치면 개운합니다.

12월생의 사람: 주색에 약한 면이 있으나 이것을 삼가하면 개운도
되고 복분도 얻습니다.

무오(戊午)년 생 말띠의 운기 성쇠

무오년 생은 외견상은 호쾌하게 보이나 내면은 담력이 약하고 결심도 동요하기 때문에 흔들림이 많아 향상되지 않습니다. 겉치레를 삼가하고 한 가지 목적을 정하여 노력하면 반드시 운세는 열리고 복도 갖게 되어 크게 발달할 것입니다.

생월에 따라 성품, 운세도 각각 다르니 참고로 하십시오.

1월생의 사람: 태만한 점이 있어서 무엇을 하더라도 실패가 많고 운세도 하운에 속합니다.

월생의 사람: 침착하긴 하나 세상사에 어둡고 운세 개발이 늦어지므로 각별한 노력이 요구됩니다.

3월생의 사람: 천복은 있으나 마음이 너무 강하고 질투심 또한 강해서 몸을 망칠 염려가 있습니다.

4월생의 사람: 한 가지 예능에 능통하게 되니 노력하면 상운이 되겠습니다. 태만하면 실패합니다.

5월생의 사람: 중운이긴하나 인정에 약하고 남의 원망을 사면 운세는 하운이 됩니다.

6월생의 사람: 천운이 있고 사려심도 깊으면서 여러 가지 기예에 통달하기에 노력 여하에 따라서는 대성할 수 있습니다.

7월생의 사람: 책략(策略)을 써서 부(富)를 얻으려는 교활함이 있어 천운을 해치고 하운이 됩니다.

8월생의 사람: 천복이 있어서 상운으로 발달될 운세이나 완고하기 때문에 실패할 것입니다.

9월생의 사람: 지나치게 큰 일을 바라지 말고 사치를 경계하며 노력하면 성운이 되어 복도 얻습니다.

10월생의 사람: 인내심이 강하고 열심히 노력하기에 천복을 얻어 점차 발달하겠습니다.

11월생의 사람: 게으름이 있어 운세의 뻗어나감이 늦어지나 중운으로 공명을 세울 것입니다.

12월생의 사람: 인내심이 강하나 마음의 동요가 심합니다. 이것을 삼가하면 운세는 열리고 천복을 받을 것입니다.

경오(庚午)년 생 말띠의 운기 성쇠

경오년 생은 마음이 가라앉지 못하는 성질이기 때문에 한 가지 일에 열중하지 못하고 전전하고 곧 싫증을 내서 무슨 일도 성사되지 못합니다. 운기는 중하위로 개운은 늦으나 만사에 심중을 기한다면 천복을 얻어 발달할 수 있습니다.

생월에 따라 각자 성품이나 운세에 차이가 있기에 참고로 아래와 같이 설명을 약술합니다.

1월생의 사람: 자아의 감정이 강해서 다툼이 많아 운세도 열리지 않고 복도 박복합니다.

2월생의 사람: 사려가 깊고 한 가지 기능에 능통하고 독립의 의지가 있기에 점차 천복을 얻게 됩니다.

3월생의 사람: 운세 개발은 빠르나 경솔해서 실패가 많고 천복을 지키지 못합니다.

4월생의 사람: 사려심도 있고 중운이나 노고성(勞苦性)이 있기에 다소 박복합니다.

5월생의 사람: 재지 겸비하고 구변도 교묘하여 점차 운세는 열리고 천복도 얻게 됩니다.

6월생의 사람: 기예에 통달하고 또한 발명의 탐구력이 있으므로 노력하면 성운이 됩니다.

7월생의 사람: 질투심이 강하고 항상 마음을 빼앗겨 집중을 못하므로 개운은 늦어집니다.

8월생의 사람: 상운이 되겠으나 너무 고지식해서 시세에 맞지 않고 복도 잃게 됩니다.

9월생의 사람: 의혹심이 깊어 호기를 놓치는 수가 많아 마음먹은 대로 성공이 안 됩니다.

10월생의 사람: 활발한 성격으로 사물을 빨리 처리하고 시작도 빠르나 실패도 빠르고 호운으로 이어지지 못합니다.

11월생의 사람: 정력이 강한 반면 교언 영색(巧言令色)한 사람이기에 처음은 성운이나 점차 쇠운으로 빠집니다.

12월생의 사람: 마음의 단단한 조짐이 없고 주색에 빠지는 성벽이 있어서 이점 깊이 삼가하지 않으면 안 됩니다.

임오(壬午)년 생 말띠의 운기 성쇠

임오년 생은 어떤 일에나 손을 대고 싶어하는 성질로 하찮은 일에 손을 대다 실패합니다. 또한 색욕을 깊이 삼가하고 진실되게 처세하지 않으면 운세는 열리지 않고 천복을 잡지 못합니다.

생월에 따라 운세나 성품이 다르므로 아래 월별에 따라 약술한 것을 참고하십시오.

1월생의 사람: 도무지 끊고 맺는 결단력이 없이 만사 방임하는 마음자세 때문에 운세도 허둥거려져서 열리지 않습니다.

2월생의 사람: 중위의 운이기는 하나 마음에 남과 다투는 성질이 있어 실패가 많고 모처럼 찾아올 복분도 스스로 깨고 말겠습니다.

3월생의 사람: 만사에 정중하고 깨끗함을 좋아하여 사람들로부터 사랑을 받기도 하기에 점차 성운이 됩니다.

4월생의 사람: 남에 대한 배려심이 적고 남과 화합하지 못하기에 행운의 찬스를 잃기 쉽습니다. 사회생활에서 성공의 비결은 인화가 그 첫째임을 명심하십시오.

5월생의 사람: 담력은 콩알만한 사람이 남에게 공갈치고 위협하는 버릇이 있으니 복분을 잃음은 사필귀정 아니겠습니까?

6월생의 사람: 천복은 있으나 마음이 태만하면서도 눈앞에 욕심은 많아 쉽게 손을 대게되니 손해는 정한 이치입니다. 천복을 신념으로 성실하시기 바랍니다.

7월생의 사람: 이식(利殖)에 눈이 어둡고 교활한 성격이니 운세는 희미하게 되고 천복조차 놓칩니다.

8월생의 사람: 성급한데다 깊이 생각할 줄 모르고 밀어 붙이니 실패는 많고 고생도 심하게 되니 하운입니다.

9월생의 사람: 중운이기에 노력만 하면 복분도 얻게 되나 무자비함 때문에 재난을 자초합니다.

10월생의 사람: 정직, 성실하면서 본업을 고수하기 때문에 성운이 되어 복을 받습니다.

11월생의 사람: 제멋대로이고 사려심도 박하니 고생만 많고 복분도 해칩니다. 항상 남의 협조를 얻는 노력을 갖도록 하십시오.

12월생의 사람: 지려(智慮)심이 있고 기능에도 통달하니 점차 천복도 얻게 됩니다.

구성(九星)으로 본 천성과 운세

말띠생으로 일백수성(一白水星)의 천성과 운세

일백수성의 말띠는 지혜와 재능이 있는가 하면 남을 잘 돌봐주거니와 사귐성도 교묘한 천성이나 10대, 20대에 생가를 떠나는 암시가 있고, 운세도 덧없이 변전하는 기미가 있기에 고생이 많을 것입니다. 일견 처세술이 능숙해 보이나 연분도 한 번으로 끝내기 힘들겠고 고생길이 험하니 깊이 몸가짐을 삼가하고 건실한 길로 전진하지 않으면 안 됩니다.

대체적으로 20대부터 중년기에 걸쳐서는 개운이 어렵고 신고만을 되풀이 하겠으나 중년 후기부터 향상되어 점차 성운이 될 것이니 인내심을 갖고 노력함이 긴요합니다.

말띠생으로 사록목성(四綠木星)의 천성과 운세

사록목성의 말띠는 호악지념이 강렬한 천성이어서 남과 화합하는 일도 빠르지만 상반 이산(相反離散)도 빨라서 운세도 안정되지 않고 흔들림이 많습니다. 사람이 좋아 남에게 속임을 당하기 쉽고 주색에도 유혹되기 쉽기 때문에 이점 심중히 처세하지 않으면 고생만 더하게 될 것입니다. 대체로 20대부터 중년기에 걸쳐서는 운세는 열리지 않을 것이며 중년 후기에야 기회가 잡히고 행운이 찾아들 것입니다.

말띠생으로 칠적금성(七赤金星)의 천성과 운세

칠적금성은 비교적 화려하고 양기의 천성이며 사교성도 있으나 속심은 좀 음험한 점이 있어 운세는 쉽게 열리지 않습니다. 그러나 활동적이기 때문에 외출을 좋아하고 구변이 대단히 교묘해서 곧 행운이 잡힐 것 같으나 어떤 일이든지 앞뒤 끝맺음이 깨끗하지 못하여 긴요한 시기에 호기를 놓치게 됩니다.

대체로 눈앞의 욕심만을 쫓아가지 않도록 자중하고 대운을 잡도록 노력하면서 인내를 갖고 올바른 직업에 종사하도록 노력하면 만년 초기에는 기회를 잡아 행운이 되고 행복할 것입니다.

말띠의 상성(相性)

상성이 좋고 나쁨은 궁합 연담은 말할 것도 없고 사회적 대인관계나 방위(方位), 기타 해당 년·월·일·시의 길흉에 관한 중요한 것입니다.

오(午)의 방위는 정남(正南)이기에 말띠의 사람은 이 방위가 자기 자신의 본명위(本命位)가 됩니다. 이 방위는 주작(朱雀)이라고 일컬어지며 천덕이 왕성하고 발전을 의미하는 길 방위이나 지나치게 강렬함을 뜻하기도 하여 재액을 부르기도 하기 때문에 특히 오년 생은 주의해야 합니다.

말띠의 지지 구성 길흉표

· 地支 ·

대길 (大吉)	인(寅) 술(戌) 미(未)
길 (吉)	진(辰) 사(巳) 신(申) 유(酉) 해(亥)
흉 (凶)	축(丑) 묘(卯) 오(午)(害·破·刑에 해당)
대흉 (凶)	자(子) (冲에 해당)

· 九星 ·

吉凶 \ 九星	일백수성인	사록목성인	칠적금성인
대길 (大吉)	육백금성 칠적금성	일백수성	이흑토성 오황토성 팔백토성
길 (吉)	삼벽목성 사록목성	삼벽목성 구자화성	일백수성 육백금성
반길 (半吉)	일백수성	사록목성	칠적금성
흉 (凶)	이흑토성 오황토성 팔백토성	이흑토성 오황토성 팔백토성	삼벽목성 사록목성
대흉 (大凶)	구자화성	육백금성 칠적금성	구자화성

말띠의 직업

말띠의 천품은 돈을 들여 사물을 장식하는 상이기 때문에 대개는 장식을 주로하는 사업이 적직이라고 하나 실은 관공서 또는 대기업에 봉직하는 것을 제일의 적직으로 칩니다. 다음은 공업 방면의 경영이나 그에 따르는 직업, 또는 금품을 남에게 대여하는 직업이 되겠고 일반적인 상업은 최하위로 칩니다.

말띠의 천성은 양기로 사교에 능하기 때문에 일반상업에 적합하다고 생각 할지 모르나 실지의 거래가 어렵고 교제도 헛수고만 하게 됩니다. 따라서 관공서나 대기업에 종사하는 것이 출세가 가장 빠르다고 하겠습니다. 또한 구변의 능한 점을 살려 예능관계의 일도 적직으로, 성공할 수 있습니다. 그외 양기의 성격을 살려 화랑경영이나 미술품상, 증권업, 볼링장 등의 유희 서비스업, 음식업 등을 경영하면 인기를 얻어 처음은 고생이 있겠으나 점차 번창할 것입니다.

오월(午月)생의 운세

오월은 음력으로 5월에 해당합니다. 양력으로는 대략 6월 6일 전후부터 7월 7일 전후 사이가 됩니다.

오월생은 양기의 천성으로 운기도 왕성하거니와 교제도 넓고 복도 있어서 모이기도 쉽거니와 흐트러지기도 쉬운, 성쇠가 일정하지 않은 운세가 전개 되리라고 봅니다.

생월 전반기에 출생한 사람은 남의 애호를 받게 되나 친하기 쉽고 헤어지기 쉬운 성격상의 특성 때문에 자중하여 처세하지 않으면 성운은 기대하기 어렵습니다.

생월 후반기 출생은 양기로서 운세도 상승하고 번영하는 운기가 있으나 응어리지기 쉽고 풀어지기 쉬운 특성 때문에 기분의 전환에 따라 성쇠의 변동을 가져오게 되고 대성이 불가능하게 됩니다. 여성의 경우도 격렬한 호악지념을 삼가하지 않으면 안 됩니다.

말띠생의 신병과 수명

말띠생의 신병 예측

말띠는 심장의 지배를 받는다고 하나 사계절의 변화에 따라 위병, 눈병, 두뇌병, 황단, 신경계의 여러 가지 병을 일으킵니다.

이외에 두창, 소화기 계통 기타 병에도 주의가 요구됩니다. 또한 말띠는 평상시 체내에 열이 차서 병의 뿌리를 윗부분에 나타내게 하나 내부는 비교적 가벼운 병으로 대체로 쾌유가 빠릅니다.

말띠생의 수명 예측

- 갑오년 생은 35세를 넘기면 59세 이상의 수명이 있습니다.
- 병오년 생은 49세만 넘기면 81세 이상의 수명이 있습니다.
- 무오년 생은 20세를 넘기면 66세 이상의 수명이 있습니다.
- 경오년 생은 69세를 넘기면 85세 이상의 수명이 있습니다.
- 임오년 생은 60세를 넘기면 77세 이상의 수명이 있습니다.

※ 또한 오각(午刻)생인 사람은 13세, 36세, 49세에 신병을 앓던가 재액을 만나는 불행이 있을 수 있으니 가장 주의해야 할 것입니다.

양띠(未年)생의 천성과 운세

양띠의 생년

기미 (己未) 구자화성 (九紫火星) 1919 년생
신미 (辛未) 육백금성 (六白金星) 1931 년생
계미 (癸未) 삼벽목성 (三碧木星) 1943 년생
을미 (乙未) 구자화성 (九紫火星) 1955 년생
정미 (丁未) 육백금성 (六白金星) 1967 년생
기미 (己未) 삼벽목성 (三碧木星) 1979 년생
신미 (辛未) 구자화성 (九紫火星) 1991 년생

양띠 (未年) 생의 천성

양띠도 출생한 년대에 따라 을미(乙未), 정미(丁未), 기미(己未), 신미(辛未), 계미(癸未)로 나누어지고 구성(九星)으로는 삼벽목성, 육백금성, 구자화성으로 달라져서 각각 다른 운성을 타고나니 그 천성이나 운세 또한 같을 수가 없습니다.

그러나 양띠의 천성을 일반적으로 간추려보면 점잖고 내성적이면서 심중한 편이고 마음은 올바르나 기가 약한 천성입니다. 또한 남과의 친화성이 있어서 사람 사귀기를 좋아하고 깨끗한 것을 즐기기 때문에 안정된 생활을 할 수 있는 사람이 많습니다. 그외에 연구심이 강해서 공부도 잘하는 성질이니 학문에도 조회가 깊고 일예일능(一藝一能)에 통달할 수 있는 천덕을 구비하고 있는 것입니다.

또한 어떤 일에도 심중해서 정중하고 꼼꼼하게 일처리를 함은 좋으나 너무 지나치게 말이 많음은 결점입니다.

마음속으로는 여러 가지 포부도 있고 크게 활동하고 싶은 충동에 불타기도 하지만 만사에 박지 약행(薄志弱行)이기에 가장 중요한 시점에서 꽁무니를 뺀다던가 염려와 사양심 때문에 앞으로 밀고가지를 못합니다. 그 때문에 오히려 남에게 오해를 받아 실패수도 있습니다. 모든 일을 마음속으로 되씹으며 하찮은 고생만 하게 되고 만사 진취의 기상이 결핍함은 이띠의 단점입니다.

양이라고 하는 동물은 원래 홀로 강하게 살 수 없는 유약한 동물이기에 항상 무리를 지어 서로 의존하면서 살아갑니다. 그것과

174

닮아서 자비심이나 동정심은 강해서 서로 돕는 성질이기 때문에 세상사의 슬픈 이야기만 들어도 눈물을 흘리는 부드러움이 있습니다.

그러나 한편 마음속은 비교적 모진 점도 있어서 실은 약하면서도 남에게 약한 면을 결코 보이려하지 않고 버티어 내는 뚝심도 있습니다. 그런 성격이 나쁘게 발전하면 심술궂게 되든가 의심이 많은 편굴한 사람이 되어 남으로부터 경원시 되기도 하는 것입니다.

양띠의 남자는 천성적으로 온순해서 여성적인 면이 있기 때문에 스태미나가 요하는 일에는 맞지 않을 것이고 활동력도 약하고 여성답기 때문에 힘찬 일에는 부적당하다고 할 것입니다. 그러나 일반적으로 정직하나 헌신적인 활동이 없기 때문에 비굴하게 생각되기도 하고 불필요한 사양심 때문에 별로 남의 호감을 못 사는 꼴이 되기도 합니다.

양띠의 여성은 비교적 기강한 면이 있어서 상당히 끈덕진 면이 있으나 별로 표면에 나타내지 않으려 하기 때문에 운세의 개운도 늦어집니다. 특히 구변이 있는 편은 아니기에 가령 속상한 일이 있어도 당당하게 상대방에게 반발하는 용기가 없으니까 침묵을 지키는 편이 되고 입을 연다해도 어리석은 말만 늘어놓게 되어 반발의 효과가 나타나지 않습니다.

이띠는 또한 연애 등에는 너무 수줍어하는 성격 때문에 애인을 잡을 「찬스」를 잃게 되고 맘에 드는 사람이 나타나도 의사 표시를 못하니 가슴속으로 고민끝에 고독하게 끝을 맺는 사람도 더러 있습니다. 남편에게도 충분한 의사 표시를 못하기에 무엇인가 불만족스러운 가정이 되는 수도 많습니다.

이띠는 그외 남녀 다같이 영화나 연극 등을 보고도 쉽게 감동하는 성질로 남에게는 많은 동정을 보내지만 실행에는 너무 약해서 앞장서서 구조에 나서기에는 힘과 용기가 부족합니다.

양띠 전반기생의 천성

양띠로서 그해 전반기에 출생한 사람은 아주 온순한 천성으로 만사에 유화한 태도이기에 빨리 남의 신용을 얻게 되므로 어느 곳에 근무해도 복이 있습니다. 그 외에 남과 친하기 쉬운 반면 흩어지기 쉽기 때문에 모처럼 승진을 해도 곧 지쳐버리는 성질도 있어서 직업을 잃어버리기 쉽게 됩니다.

또한 장사를 하거나 기업을 일으킨다 해도 착수가 빠른 만큼 소멸도 빠른 운이기에 불꽃처럼 타기 쉽고 꺼지기 쉬운 인생이니 이 점을 각별히 주의해서 끈기와 안정을 기하도록 해야 합니다.

양띠 후반기생의 천성

양띠해 후반기에 출생한 사람은 회사원이나 공무원으로 근무하더라도 고위직에 오를 수 있는 천덕이 있고 장사를 하면 번영하는 복도 갖고 있으나 이 천성인은 염려심이 너무 많아 출세길을 사양하든가 노무에 견디지 못하고 스스로 몸을 빼기도 하여 상위직에 오르지 못하게 되며 또한 상업을 해도 인내 부족으로 천덕을 살리지 못하고 곧 이리저리 전전하며 모진 세파에 시달리게 되므로 깊이 삼가해야 할 것입니다.

양띠생의 운세

양띠에는 을미(乙未), 정미(丁未), 기미(己未), 신미(辛未), 계미(癸未)의 다섯 가지 오간(五干)이 있음은 이미 말했으나 이외에 삼벽목성(三碧木星), 육백금성(六白金星), 구자화성(九紫火星)의 구별이 있습니다. 같은 양띠생이라 해도 이와같이 간지가 다르고 구성이 다르기에 그 운기와 천리에 따라 천성이나 운세의 성쇠에 변화가 있게 됩니다.

아래에 각 출생년의 특성과 각월별 운세의 대요를 소개합니다.

을미(乙未)년 생 양띠의 운기 성쇠

을미년 생은 게으름을 피우는 습성이 있어서 이것이 비굴한 성벽이 되어 무슨 일을 하더라도 활발한 점이 없어서 운기는 개발되지 못하고 조급할수록 하위운이 됩니다. 이점 특히 유의하고 삼가하지 않으면 안 됩니다. 이것만 고쳐진다면 노력 여하에 따라 개운될 것입니다.

그외 생월에 따라 성품, 운세에 차이가 있으니 유의 바랍니다.

1월생의 사람: 지혜와 배려심은 있으나 욕심이 많아 앞으로 나아갈 때마다 실패하게 되니 박복합니다.

2월생의 사람: 일을 빠르고 정중하게 추진하지 못하기 때문에 개운이 안 됩니다.

3월생의 사람: 경솔해서 자기 생각 대로만 행동하니 허비가 많고 개운이 안 됩니다.

4월생의 사람: 무슨 일에나 주저함이 많고 결단력이 결핍되어 찬스를 잡지 못하므로 하운입니다.

5월생의 사람: 일은 잘하지만 재운이 없고 바쁘기만한 운세입니다.

6월생의 사람: 성급해서 사물을 속단하기에 손해를 보게 되니 박복합니다.

7월생의 사람: 성격이 음악(陰惡)한 점이 있고, 쟁론이 끊이지 않
으니 만사에 실패수가 있어 운세는 기울게 됩니다.

8월생의 사람: 복은 있으나 욕심이 많아 방황하게 되니 이점을 삼
가하면 중운입니다.

9월생의 사람: 어진마음이 없으면 곤궁에 빠지게 되니 관용을 베
풀면 점차 개운 발달합니다.

10월생의 사람: 남을 구해주는 미덕이 있으므로 큰 사업에만 손을
대지 않으면 중운으로 복이 있습니다.

11월생의 사람: 용기 있게 밀고가는 것은 길하나 남의 뜻을 거역
하면 복을 파하게 됩니다.

12월생의 사람: 지혜는 있으나 힘든 일을 싫어하여 활동이 민활하
지 못하니 행운을 놓치게 됩니다.

정미(丁未)년 생 양띠의 운기 성쇠

정미년 생은 사려깊은 점이 있으면서도 경솔한 점도 있고 결단력이 부족한 성질이기에 호기를 못잡고 전진를 못합니다. 초지 일관 한 가지 일을 밀고가면 운세는 열릴 것이고 천복을 잡아 행복하게 될 수 있습니다.

생월에 따라 성품, 운세가 다르니 참고 하십시오.

1월생의 사람: 지혜와 배려심이 있어 만사에 손을 대나 행복은 적고 주거에도 고생이 있습니다.

2월생의 사람: 밝고 양기의 성질이나 의외로 정숙하게 행동하니 운세는 뻗어갑니다.

3월생의 사람: 운세 왕성해질 운기는 있으나 재물이 흩어지고 박복해 집니다.

4월생의 사람: 전진할 의욕은 있으나 박복하고 만사 순조롭지 못하여 고생이 중첩됩니다.

5월생의 사람: 가슴속에 간직하지 못하는 성질에다 동요가 많고 운세는 기복이 많습니다.

6월생의 사람: 남을 속이려는 마음이 있으나 오히려 실패하고 스스로 복을 깨게 됩니다.

7월생의 사람: 성질이 호만하면서 노기를 띠니 원만하게 진척되기 어렵고 운세도 하운이 되겠습니다.

8월생의 사람: 중운으로 행복도 있으나 너무 큰 대망을 갖고 맹진하면 실패하겠습니다.

9월생의 사람: 몰인정한 점이 있기에 세상살이는 실패하고 고생도 많으며 하운이 됩니다.

10월생의 사람: 희망이 너무커서 복을 잃게 되나 건실하게 전진하면 운세가 반전하여 왕성한 운이 되겠습니다.

11월생의 사람: 상당한 정도까지는 성공하겠으나 박정해지면 복을 잃습니다.

12월생의 사람: 지혜가 있어 한때는 왕성한 운이 되겠으나 지나쳐 버리면 실패운이 있습니다.

기미(己未)년 생 양띠의 운기 성쇠

기미년 생은 인정이 두텁고 생각도 깊어서 한 가지 일에 집착하고 완성시키는 좋은 점이 있기에 운세는 점차 열립니다. 마음의 동요를 경계하고 올바른 일에 전념하면 천덕을 얻어 행복해집니다.

생월에 따라 성품과 운세에 차이가 있으니 참고하십시오.

1월생의 사람: 중운이나 공부하는 마음이 미약해 충분히 발전하지 못하고 운세의 개발이 늦습니다.

2월생의 사람: 천복은 타고났으나 허례 허식에만 관심이 많고 외관을 장식하기에 산재수가 많아 운세도 호전되지 않고 박복합니다.

3월생의 사람: 만심하기 때문에 수입보다 지출이 많은 생활이 되고 정신적 고생이 많아 복이 적습니다.

4월생의 사람: 무슨 일이나 독단적이 되지 말고 사람을 따르면 길합니다. 평생 주거문제로 고생이 많습니다.

5월생의 사람: 제멋대로의 성질로 마음의 동요가 많아 운세는 뻗지 못하고 천복을 감합니다.

6월생의 사람: 남을 기만하는 버릇이 있고 허식을 좋아하나 이것을 고치지 않으면 개운되지 않습니다.

7월생의 사람: 말다툼이 많은 사람이고 자기 마음대로 행동하기 때문에 모든 일에 실패가 많아 하운입니다.

8월생의 사람: 자제심이 있고 건실하므로 운세도 점차 열리고 복을 얻습니다.

9월생의 사람: 신분에 상응하는 일을 추진해 가면 행운이 되겠으나 큰 욕심을 갖으면 실패합니다.

10월생의 사람: 남의 감언에 놀아나기 쉬워 경솔하게 동조하면 실패합니다. 자중이 중요합니다.

11월생의 사람: 지혜와 배려심이 있고 복도 있으나 지나치게 생각한 나머지 복을 놓칩니다.

12월생의 사람: 무슨 일이나 남과 인화를 이루어 나아간다면 순조롭습니다. 독단으로 흐르면 복을 잃습니다.

신미(辛未)년 생 양띠의 운기 성쇠

신미년 생은 감정이 깊고 남 때문에 손해를 보는 성질로 의외로 고생운이 있습니다. 운기는 중위이나 건실한 목적을 정해 마음을 진정하고 분투 노력하면 운세는 왕성해지고 천복을 얻어 행복해질 것입니다.

생월에 따라 성품, 운세는 다르므로 주의해서 참고하십시오.

1월생의 사람: 지려심이 있으나 남을 따르기 싫어하기 때문에 실패가 많고 개운이 어렵습니다.

2월생의 사람: 악에 감화되기 쉬운 점이 있고 고생이 많아 운기는 뻗지를 못합니다.

3월생의 사람: 야망도 있고 밀고가긴 잘하나 의혹심이 많아 운기는 하운입니다.

4월생의 사람: 사려 깊고 활발성이 부족하여 운기 개발이 늦어지고 주거 때문에 고생이 있습니다.

5월생의 사람: 교언 영색한 사람으로 늘 기분이 안정되지 못해서 시기를 놓쳐 운세는 동요됩니다.

6월생의 사람: 재지(才智)가 있어 정도를 걸어간다면 빨리 개운되겠으나 사도를 간다면 실패합니다.

7월생의 사람: 의리를 지키는 사람으로 상당한 성공이 기대되나 불시의 재난에 주의가 요합니다.

8월생의 사람: 고집이 세어 남의 조언을 듣지 않기에 고생만 더하고 복을 잃습니다.

9월생의 사람: 큰일을 희망하나 실행력이 없습니다. 이 점을 삼가하면 중운은 됩니다.

10월생의 사람: 독단적이고 독선이 심해서 후회가 많습니다. 솔직해지면 점차 운세가 열릴 것입니다.

11월생의 사람: 무엇이나 할 수 있는 성격이나 밀고갈 기력이 없어 운세는 좀처럼 열리지 않습니다.

12월생의 사람: 진실하게 노력하면 빨리 개운되겠으나 큰 일을 꿈꾸면 실패가 많습니다.

계미(癸未)년 생 양띠의 운기 성쇠

계미년 생은 어떤 일에도 염려심이 깊은 성질로 만사에 신경을 쓰기에 항상 정신적 고통이 심합니다. 마음을 진정하고 목적을 건실한 쪽으로 정해서 분발하면 저절로 개운되고 점차 발달됩니다. 특히 색정에 주의하지 않으면 안 됩니다.

생월에 따라 성품, 운세에 차이가 있으니 주의하십시오.

1월생의 사람: 복분은 있으나 모든 일에 망설임 뿐이고 기력이 없어 개발이 어렵습니다.

2월생의 사람: 음기스러운 성질로 정신적 고통이 많고 목적을 이루기는 힘들고 복은 있어도 잡기 어렵습니다.

3월생의 사람: 시기를 잃지 않도록 결단력을 발휘하면 운기를 발전시켜 복을 얻게 됩니다.

4월생의 사람: 남의 의견도 받아들여 목적을 잃지 말고 분발하면 점차 운세도 열립니다.

5월생의 사람: 주거를 여기 저기로 변전할 운기가 있어 고생하겠습니다. 일을 당하면 조바심을 일으키지 말고 침착하게 대처함이 중요합니다.

6월생의 사람: 입놀림이 교묘하고 교제술이 좋아 점차 개운합니다. 다툼을 삼가하면 중운은 됩니다.

7월생의 사람: 입으로 화를 부르지 않도록 주의하면 상당한 성공도 기대되고 복도 얻습니다.

8월생의 사람: 진취적인 기상이 있으나 서툴고 거치른면 때문에 실패하고 복을 잃는 경우가 많습니다.

9월생의 사람: 지능이 있어 한 가지 예능에 통달합니다. 강정한 고집만 삼가하면 천덕을 얻습니다.

10월생의 사람: 남의 인정도 받게 되고 만사 순조로우나 만년은 소흉입니다.

11월생의 사람: 자기만 알고 남은 돌보지 않기 때문에 화를 부르고 운세를 파합니다.

12월생의 사람: 한때는 왕성하나 언행이 일치하지 않아 미움을 사게 되고 복을 잃습니다.

구성(九星)으로 본 천성과 운세

양띠생으로 삼벽목성(三碧木星)의 천성과 운세

삼벽목성의 양띠는 온순하고 대단히 주의심이 깊은 천성이기 때문에 행동이 다소 완만하여 기회를 잃을 수 있습니다. 너무 심하면 겁쟁이가 되던가 말이 너무 많아 필요없는 고생을 하게 됩니다.

대체적으로 20대부터 중년에 걸쳐서는 지지부진한 운세로 별로 행운이라고 할 수는 없습니다. 또한 중년기에는 병난의 운기도 있기에 충분히 주의해야 되겠습니다. 그러나 계획을 바르게 세우고 어떠한 일에도 성의를 다한다면 중년 후기에는 기회가 도래(到來)하여 행운이 전개 되겠습니다.

양띠생으로 육백금성(六百金星)의 천성과 운세

육백금성 양띠는 지혜와 능력이 있는 천성이므로 무슨 일을 당해도 생각이 깊고 경솔함이 없기에 큰 실패는 없습니다. 그러나 큰 일에 성큼 나서지 못함은 활동성이 둔하고 실행력이 부족하다는 말과 상통하여 자력으로 운세 개척이 안 된다는 결과가 되어 언제나 남에게 뒤진다든가 해서 행운을 못 잡습니다. 그래서 불필요한 고생을 하지 않도록 앞을 확실하게 정하고 적극적으로 노력하면 운세도 개척될 것입니다.

양띠생으로 구자화성(九紫火星)의 천성과 운세

구자화성(九紫火星)의 양띠는 신앙심이 대단히 강해서 정의와 정도를 가는 천성이나 좀 소심한데가 있어 소극적이고 깔쭉깔쭉한 성격이기 때문에 운세의 개척이 미미하고 크게 뻗어가지 못합니다.

대체로 20대에는 고생이 많고 일은 생각대로 진척이 안 되나 중년 말부터 점차 운세가 열리어 생각지 않은 행운을 잡을 것입니다. 원래 정의심이 강한 사람이고 천덕도 있는 사람이니 근면하게 노력만 한다면 만년은 운세 왕성해지면서 대단히 행복할 것입니다.

양띠의 상성(相性)

상성이란 궁합이나 연담에는 말할 것도 없으나 사회적 대인관계나 방위(方位), 그 해의 월·일·시의 길흉에 관한 중요한 것입니다.

미(未: 양띠)는 방위로치면 남남서(南南西)의 방위로서 양띠는 이 방위가 바로 본명위(本命位)가 되는 것입니다.

이 미(未)의 방위는 신(申)의 방위와 합쳐서 곤(坤)이라고도 하는데 이 방위는 귀문(鬼門)방위라고도 하므로 양띠는 이 방위에 대하여 특히 주의해야 합니다.

양띠의 지지 구성 길흉표

· 地支 ·

대길 (大吉)	묘(卯) 해(亥) 오(午)
길 (吉)	인(寅) 진(辰) 사(巳) 미(未) 신(申) 유(酉)
흉 (凶)	자(子)(害에 해당)
대흉 (大凶)	축(丑) 술(戌)(刑·沖·破에 해당)

· 九星 ·

吉凶 ＼ 九星	삼벽목성인	육백금성인	구자화성인
대길 (大吉)	일백수성	이흑토성 오황토성 팔백토성	삼벽목성 사록목성
길 (吉)	사록목성 구자화성	일백수성 칠적금성	이흑토성 오황토성 팔백토성
반길 (半吉)	삼벽목성	육백금성	구자화성
흉 (凶)	이흑토성 오황토성 팔백토성	삼벽목성 사록목성	육백금성 칠적금성
대흉 (大凶)	육백금성 칠적금성	구자화성	일백수성

양띠의 직업

양의 천품은 가을나비 바람을 따른다고하여 추접수풍(秋蝶隨風)의 상이라고하니 교육자를 천직으로 보는 경향이 있으나 대체로 자비심이 많은 천성을 살려서 승려, 목사 등의 종교가가 제일 좋은 적직입니다.

다음은 의사 또는 이와 유사한 직업이 좋겠고, 봉급생활자는 중위의 직업이 되겠고, 상업은 하위라고 판단됩니다.

양띠는 천성적으로 재지(才智)가 있고 자비심도 있는 정도(正道)를 걷는 사람이기에 종교가야말로 가장 알맞는 직업이겠으나 학자나 교육자도 적직으로 영달할 수 있는 직업입니다. 또한 조용하고 침착한 면이 있으니 의사, 약제사도 천직이고 병원의 경영이나 약국 등도 성공할 수 있습니다. 기타 정밀공업, 염직의 가공업 등도 좋을 것입니다.

이띠의 사람은 일반적인 소매상이나 거래가 많은 장사는 알맞지 않아 실패하기 쉽습니다. 차라리 관공서나 은행 등에 근무하는 것이 무난할 것입니다.

미월(未月)생의 운세

미월은 음력 6월에 해당되고 양력으로는 대략 7월 7일 전후부터 8월 7일 전후 사이가 됩니다. 그러니 출생년의 달력에 주의 하시기 바랍니다.

미월생인 사람은 유순하고 정의를 존중하며 올바르지 못한 일을 싫어하는 천성입니다만 좀 음기이면서 망설임이 있고 용기가 부족하기 때문에 적극적으로 나서지를 못하고 운세의 개발이 늦어집니다.

미월 전반기에 출생한 사람은 신앙심이 두터워 겸양지심이 있기에 손윗사람의 신임을 얻어 크게 발전할 때도 있습니다. 또한 한 가지 예능에도 통달하여 성공하는 사람도 있습니다.

미월 후반기에 출생한 사람은 유화하면서도 예의바르지만 부정한 상대를 보면 곧바로 매도하는 버릇이 있어 도리어 해를 보거나 그것 때문에 고통을 당하는 일도 있습니다. 그러나 중년기 후반부터 점차 개운되어 남녀 공히 행복을 얻을 것입니다.

양띠생의 신병과 수명

양띠생의 신병 예측

양띠는 비장(脾臟)의 지배를 받는다고 하나 사계절 기후 변화에 따라 흉통, 수종각기, 위병, 구토 등의 병을 잘 일으키게 됩니다.

이외에 히스테리 증세, 두통, 허리병 등에 주의해야 합니다. 또한 양띠는 병원균이 체내에 침체되어 일어나기 때문에 반은 밖으로 나타나고 반은 속에 숨겨져서 큰 해를 일으킨다고 합니다.

양띠의 수명 예측

● 을미년 생은 43세를 넘기면 77세 이상의 수명이 있습니다.
● 정미년 생은 36세를 지나면 72세 이상의 수명을 누립니다.
● 기미년 생은 51세를 넘기면 59세 이상의 수명이 있습니다.
● 신미년 생은 51세를 넘기면 67세 이상의 수명이 있습니다.
● 계미년 생은 47세를 넘기면 60세 이상의 수명이 있습니다.

※ 또한 미(未)시에 출생한 사람은 19세, 29세, 56세에는 재난을 맞나는 등 주의해야 할 해가되고 수명을 다하는 것도 이 3개년이라고 하겠습니다.

원숭이띠(申年)생의 천성과 운세

원숭이띠의 생년

무신 (戊申)　이흑토성 (二黑土星)　1908년생
임신 (壬申)　오황토성 (五荒土星)　1932년생
갑신 (甲申)　이흑토성 (二黑土星)　1944년생
병신 (丙申)　팔백토성 (八白土星)　1956년생
무신 (戊申)　오황토성 (五荒土星)　1968년생
경신 (庚申)　이흑토성 (二黑土星)　1980년생
임신 (壬申)　팔백토성 (八白土星)　1992년생

원숭이띠(申年) 생의 천성

　원숭이띠는 태어난 년대에 따라 갑신(甲申), 병신(丙申), 무신(戊申), 경신(庚申), 임신(壬申)으로 간지(干支)를 달리하고 또한 이흑토성, 오황토성, 팔백토성과 같은 구성(九星)으로 나뉘어 집니다. 따라서 각각 그 운기가 다르며 그 천성이나 운세 역시 같지 않습니다.

　그러나 대체적으로 원숭이띠는 머리 회전이 빠르고 지혜가 있기 때문에 일을 처리함에도 기민한 점이 있고 말도 잘 하기에 사교도 능숙한 천성으로 처세술이 교묘해서 빨리 손윗사람의 신용을 얻어 행운을 잡을 수 있는 천덕을 갖고 있습니다. 그러나 지혜가 있다고 하나 대지 대능(大智大能)한 것은 아니고 사실은 소재를 부릴줄 안다는 것입니다. 그래서 때로는 눈앞의 작은 일에 기민성을 발휘하는 등 현명함을 보여주는 경우도 있으나 이것이 심려 원모(深慮遠謀)한 대지는 아니기에 어쩌다가 잘못되면 당치않은 실책을 저지를 수도 있습니다.

　그러나 지식욕은 상당히 왕성하기 때문에 여러 가지 연구를 진행시키든가 공부를 잘 하는 점 등은 이띠의 장점일 것입니다. 그러나 한편으로는 인내력이 약하고 깊이 파고드는 끈기가 없고 겉핥기식의 성격이므로 다소 천박하고 지구성 없이 도중에 좌절을 잘 하는 점은 이띠의 애석한 단점입니다.

　또한 작은 재주가 먹혀들어감에 따라 무슨 일도 기민하게 할 수 있다고 생각하기 쉬우나 실제로는 의외로 완만한 점이 많고 완고한 성질이어서 남의 충고나 의견 등을 들으려하지 않으며 도량도 비교적 좁아서 마음과 마음이 서로 맺어질 사람이 적습니다.

이 원숭이띠는 의리나 인정이 박하지만 작은 재주가 있으며 말을 잘하고 상대방의 마음을 잘 잡을 줄 알기에 사랑을 받습니다. 그러나 무엇을 해도 깊은 맛이 없어서 만사가 처음은 좋으나 곧 지쳐버려 오래가지를 못합니다.

또한 감정은 강한 점이 있어서 자그마한 일에도 흥분하기 쉬워 하찮은 일로 친구를 잃게 됩니다.

원숭이띠의 남자는 기가 강한 점 때문에 자기는 무엇이든 할 수 있다고 지혜를 과신한 나머지 여러 가지 일에 손을 대고 싶어하는 버릇이 있습니다. 그래서 이것 저것 많은 계획을 세워본다든가 남을 유혹하기도 하나 흠이 있고 실행력도 결핍되어 좀 부진하면 신경질을 부려 일관되게 행동하지 못하므로 끝까지 완성시키지를 못합니다. 또한 비교적 조숙한 천성이기 때문에 일찍 이성과 관계를 맺어 고생의 씨를 만들기도 합니다.

원숭이띠의 여자는 입으로 떠벌리기를 잘하고 교제도 잘하나 담은 적습니다. 그래서 남의 안색을 잘 살피고 사람의 기분을 맞추는 무절조한 면이 있고 불의한 짓도 예사로 해치우기에 교제는 많아도 경박하고 저속하다고 할 수 있습니다. 또한 여자도 남자처럼 조숙하기에 일찍부터 정적 감정을 갖게 되어 불륜의 길로 떨어지는 사람도 있습니다.

원숭이띠는 남녀 다같이 대체로 솜씨가 있어서 무엇이나 손대기를 좋아하며 말도 잘하고 사교의 재능도 있어서 편을 들어주는 사람도 많으니 경솔한 입놀림을 삼가하고 불의한 일을 하지 않도록 노력하면 운세도 뻗어 갈 것입니다.

원숭이띠 전반기생의 천성

신년 전반기에 출생한 사람은 봉급생활자가 되면 고위직에 승진 될 복분이 있습니다. 그러나 깊이 생각하는 점이 부족하고 경박하 기에 은혜를 입은 사람을 무시하든가 자기 스스로 고위인이 된 것 처럼 과신한 나머지 더욱 분발하고자 하는 뜻을 잃으면 오래 안가 서 좌절하게 됩니다. 상업을 경영해도 성실하게 하면 번영을 할 수 있으나 좀 잘 된다 싶은면 태만해져서 실패하게 됩니다.

원래 정직하고 유화한 천성이기 때문에 잔재주를 부리거나 경박 한 짓을 하지 말고 확고한 뜻을 세워 초지 일관하면 천덕을 얻어 대성할 수 있습니다.

원숭이띠 후반기 생의 천성

원숭이띠로 당년 후반기에 출생한 사람은 무슨 일에나 재주있게 잘하고 구변도 찬찬하게 잘 하므로 회사원이나 관공서에 근무하면 상당히 발전되겠으나 눈앞의 일만 생각하고 행동하기에 난점이 있 습니다. 한편 경박함 때문에 신용을 잃기 쉽습니다. 또한 가내 불 화로 고난을 초래할 조짐이 있기에 자기 맘대로 생각하고 행동하 려 하지 말고 남과 화합을 도모하여 진실성을 잃지 않도록 노력하 지 않으면 안 됩니다.

원숭이띠의 운세

원숭이띠에는 갑신(甲申), 병신(丙申), 무신(戊申), 경신(庚申), 임신(壬申)의 다섯 가지 간지가 있음은 이미 기술했으나 이외에 이흑토성(二黑土星), 오황토성(五黃土星), 팔백토성(八白土星)의 세 가지 구성(九星)으로 나뉘어 집니다. 그러므로 같은 원숭이띠라 도 그 운성의 천리에 따라 천성이나 운세의 성쇠 변화가 있음은 두말할 필요없습니다. 아래에 각년생의 특성과 각월별 출생인의 운세 대요를 기술하니 참고하시기 바랍니다.

갑신(甲申)년 생 원숭이띠의 운기 성쇠

갑신년 생은 기품이 높고 마음이 착한 천성이면서 호기(豪氣)스런 점이 있어서 운기도 강하여 상당한 발전이 기대됩니다. 그러나 색욕에 재난이 있으니 이 점을 삼가하고 성실하게 분발하면 성운에 도달할 수 있습니다.

아래 생월에 따라 성품, 운세에 차이가 있으니 유의하십시오.

1월생의 사람: 중운이며 천복도 있으나 태만하고 나약해서 복을 잃습니다.

2월생의 사람: 지혜와 배려심이 있으나 고집이 강해서 모처럼의 천덕을 저해하게 됩니다.

3월생의 사람: 총명하고 천복, 운기가 다같이 상운이나 질투심이 강해서 천복을 파합니다.

4월생의 사람: 호만(豪慢)한 점이 있고 주거 변동도 많아서 운세가 뻗기 힘듭니다.

5월생의 사람: 지혜, 염려심이 있으나 의혹지념이 강해서 앞으로 나아가기 힘들고 개운도 늦습니다.

6월생의 사람: 재능이 있고 기예에 통달하기 때문에 진실하게 노력하면 운세는 번영합니다.

7월생의 사람: 남을 모략하는 버릇이 있어 개운이 늦어집니다. 잘
노력하면 일기(一技)에 통달합니다.

8월생의 사람: 교활한 점이 있고, 또한 욕심을 삼가하지 않으면 개
운되지 않습니다.

9월생의 사람: 재능이 있고 처세술도 능숙하기에 점차 운세도 열
리고 복도 받습니다.

10월생의 사람: 일처리를 면밀하게 하는 편이기에 실패는 적으나
때를 놓칠 수 있습니다. 중운입니다.

11월생의 사람: 지혜는 있으나 비굴한 점을 삼가하지 않으면 운세
는 열리지 않습니다.

12월생의 사람: 강정한 성품 때문에 남의 조언을 듣지 않고 앞으
로 나아갈 뿐이니 실패가 많고 박복합니다.

병신(丙申)년 생 원숭이띠의 운기 성쇠

병신년 생은 잘 들뜨는 기질로 여러 가지 일에 경솔하기 때문에 좌절이 많으나 운세로는 강한 점이 있기에 노력하면 점차 발전되겠고 천복도 얻습니다.

생월에 따라 성품, 운세도 달라지니 유의 하십시오.

1월생의 사람: 자의가 강하고 일처리가 거칠어 항상 남과 다툼을 잘하여 개운되지 않습니다.

2월생의 사람: 총명하여 만사에 주도 면밀하게 대처하기 때문에 운세는 상승하나 질투심이 강해 지장을 초래하고 천복을 파하게 됩니다.

3월생의 사람: 주거문제에 안정이 안 되고 박복하면서 개운이 늦습니다.

4월생의 사람: 사려심은 있으나 다소 무기력해서 운세가 뻗지 못합니다.

5월생의 사람: 기예부분에 통달해서 중운은 되나 적극성이 없어 복을 잃습니다.

6월생의 사람: 재능은 있으나 간지(奸智)이기에 남의 미움을 사서 운세는 약해지고 하운입니다.

7월생의 사람: 지능과 실행력이 있어서 노력 여하에 따라 복을 얻습니다.

8월생의 사람: 비교적 노력하는 편이기에 중운은 되겠으나 천복은 박복합니다.

9월생의 사람: 일처리에 있어서 여러모로 마음을 잘 쓰기 때문에 운세도 점차 열리고 복도 있습니다.

10월생의 사람: 재지(才智)는 있으나 행동이 완만하므로 분발하면 상운이 되겠습니다.

11월생의 사람: 영웅다운 기개가 있고 앞으로 밀고 나아감은 좋은데 실행력이 결핍되어 박복합니다.

12월생의 사람: 한 가지 일에 말뚝을 박지 못하고 들뜬 기분이 많아 운세도 흔들립니다.

무신(戊申)년 생 원숭이띠의 운기 성쇠

무신년 생은 타인을 경멸하는 점이 있고 남의 화합을 방해하여 미움을 사게 되고 결국 자기의 앞길을 막는 결과가 되어 운세 개발은 늦어져서 복을 잃습니다. 이 점을 삼가해야 할 것입니다.

생월에 따라 성품, 운세도 각각 달라지기에 유의해야 합니다.

1월생의 사람: 거칠은 기질로 쟁론을 좋아하고 인정이 박해서 인덕이 없고 따라서 개운이 안 되며 하운입니다.

2월생의 사람: 총명하고 무슨 일이나 순조로워 상운입니다. 여자는 얼굴이 아름다운 사람일 것입니다.

3월생의 사람: 사물에 싫증을 잘 내어 운세는 저미하고 하운이 되어 박복합니다.

4월생의 사람: 재능이 있고 인정도 두터워 좋으나 활발하지 못하여 개발이 안 됩니다.

5월생의 사람: 중운이나 남을 경시하는 버릇이 있고 또한 화합하지 못하니 운세에 부침이 있습니다.

6월생의 사람: 지능이 있고 일처리도 잘하나 박복하고 천운의 혜택을 못받습니다.

7월생의 사람: 구변이 좋으나 오히려 그것 때문에 화를 불러일으키고 개운되지 않고 하운입니다.

8월생의 사람: 고지식하고 완고한 점이 있으나 운세는 중운입니다.

9월생의 사람: 중운이긴하나 성쇠 부침이 많고 고생하겠으나 중년 후부터는 복이 있어 안태하겠습니다.

10월생의 사람: 지려있고 고지식하나 다소 음성적이어서 운세가 뻗지 못하고 고생운이 있습니다.

11월생의 사람: 기강하여 성공할 수 있는 사람이나 사교적인 면에 애로가 있어 실패합니다.

12월생의 사람: 큰 재주는 없어도 힘차게 전진하려는 기상은 길운이 되겠으나 게으름 때문에 운세가 뻗지 못합니다.

경신(庚申)년 생 원숭이띠의 운기 성쇠

경신년 생은 침착하고 냉정하여 상운이 되겠으나 마음의 변절이 있어 무슨 일이나 매듭짓지 못하는 경향이 있습니다. 따라서 운기는 침체되기에 전후를 잘 가리어 진실되게 노력하면 천복을 다 얻겠습니다.

생월에 따라 성품, 운세가 각각 다르니 유의 하십시오.

1월생의 사람: 악(惡)에 감화되기 쉽고 또한 기강한 점을 고치지 않으면 복을 잃습니다.

2월생의 사람: 노고가 많고 특히 주거에 불안이 있어 운세 개발이 늦어집니다.

3월생의 사람: 현명하면서 재능도 있고 진취성도 왕성하여 개운이 빠르고 천복도 얻습니다.

4월생의 사람: 너무 강한 감정의 소유자로 실패가 많고 운세의 부침도 격심합니다.

5월생의 사람: 사려심 깊고 용기도 있으나 지나치게 책략적이여서 오히려 실패합니다.

6월생의 사람: 한 가지 예능에 통달하여 재주도 있고 처세술이 능하니 점차 개운됩니다.

7월생의 사람: 다소 비굴한 점이 있어서 운세는 개운되지 않고 만사 지나침이 없도록 삼가해야 합니다.

8월생의 사람: 재지(才智)가 있고 실행력도 있어서 중운이나 강정한 성미를 고치지 않으면 하운이 됩니다.

9월생의 사람: 천복은 적은 사람이나 재능을 살려 열심히 노력하면 운세 왕성해집니다.

10월생의 사람: 솔직하고 정중한 성질이기 때문에 개운은 빠르겠고 점차 복도 따르게 됩니다.

11월생의 사람: 용기 왕성하게 전진하는 것은 길한 일이나 너무 지나치면 실패수가 있고 중운입니다.

12월생의 사람: 마음의 변화가 심해 정신적 고생이 많으나 한 가지 일에 정진하면 복도 얻습니다.

임신(壬申)년 생 원숭이띠의 운기 성쇠

임신년 생은 사려 깊고 구변도 교묘해서 처세술이 좋습니다. 또한 큰일을 계획할 줄 알기 때문에 분발하고 노력하면 운세는 더욱 왕성해집니다. 단 운에 도취되어 태만해지면 생각지 않은 큰 실패를 초래하기 쉬우니 삼가하지 않으면 안 됩니다.

생월에 따라 운세나 성품도 각각 다르게되니 유의하십시오.

1월생의 사람: 용기가 있음은 좋으나 사람을 위압하고 다투기 때문에 하운입니다.

2월생의 사람: 사려 깊고 실행력도 있어서 개운이 빠르고 천복도 얻게 되겠으나 신병 재난에 주의가 긴요합니다.

3월생의 사람: 호쾌한 기상으로 매진하면 한때 왕성한 운세이겠으나 박복해서 쇠운이 될 암시가 있습니다.

4월생의 사람: 지혜있고 사려깊어 사회 진출이 가능하나 음기의 성질이기에 운세도 약하고 박복합니다.

5월생의 사람: 기능이 있기에 중운으로 복도 있으나 한평생 고생은 면하기 어렵습니다.

6월생의 사람: 지혜나 사려가 지나쳐서 실패를 초래합니다. 경계하고 노력하면 개운 될 것입니다.

7월생의 사람: 다소 음험한 성질로 남이 멀리하며 싫어하기에 개
운은 늦어지고 박복합니다.

8월생의 사람: 학문을 좋아하는 성질로 노력하면 발달됩니다. 변심
은 금물입니다.

9월생의 사람: 계획이 바르고 만사 면밀하게 대처하기에 점차 상
운이 되고 복도 얻습니다.

10월생의 사람: 진취적 기상은 있으나 의혹심 때문에 고생하게 되
고 개발도 늦어집니다.

11월생의 사람: 고상한 기질로 비천한 마음이 없기에 남의 사랑을
받아 발달하겠고 천복도 누리게 됩니다.

12월생의 사람: 사려심은 있으나 나태함 때문에 완성이 어렵고 스
스로 복을 잃게 됩니다.

구성(九星)으로 본 천성과 운세

원숭이띠생으로 이흑토성(二黑土星)의 천성과 운세

신(申)년 생으로 이흑토성인 사람은 성격이 활발하고 활동성도 왕성하며 교제도 능하여 작으나마 지혜도 갖춘 천성이기 때문에 진실되게 노력하면 점차 운세도 향상될 수 있습니다. 그런데 사람들의 선두에 설 수 있을 만큼의 책략은 없기에 남보다 앞서가려고 하면 실패합니다. 그러나 그 활동성은 손윗사람의 눈을 끌게 되어 도움을 얻게 됩니다. 요약하면 20대에는 고생이 많아 잘 참아가면서 수양에 힘쓰지 않으면 안 됩니다. 중년기가 되면 찬스가 올 것이며 만년에 들어서면 개운됩니다.

원숭이띠생으로 오황토성(五黃土星)의 천성과 운세

원숭이띠로 오황토성인 사람은 생김새도 잘 생겼거니와 팔방미인격인 천성이기 때문에 남의 도움을 받기 쉽고 신용도 얻어 점차 운세는 개운 되겠으나 지나치게 남의 마음을 사려고 비굴하게 행동하면 오히려 경원시되어 복을 잃습니다. 특히 일처리를 함에 있어 끝맺음이 좋지 못해 실패하는 수가 있으니 주의를 요합니다.

요약하면 중년기에 직업을 바꿀 운기가 있으며 망설이면 운세를 파합니다. 또한 색정이나 투기에 손을 대는 것은 금물입니다.

원숭이띠생으로 팔백토성(八白土星)의 천성과 운세

원숭이띠로 팔백토성인 사람은 지능이 우수하고 사물의 처리를 잘 하며 많은 사람의 신용을 얻어 보물 취급을 받아 운세도 순조롭게 개발되겠으나 더워지기 쉽고 식기쉬운 성질이 있기 때문에 뜻하지 않은 일에 마음이 변한다든가 해서 운세의 개발을 늦게 하는 운기도 있으므로 주의가 필요합니다.

요약하면 20대는 복분의 혜택이 있으나 중년기에는 파란이 있고 중년 이후는 성운이 되어 행복하겠으나 만년은 고독해질 운기입니다.

원숭이띠의 상성(相性)

상성은 궁합, 연담 등은 말할 것도 없고 사회적 대인관계나 방위(方位)외에 당해 년·월·시의 길흉에 관련된 중요한 것입니다.

신(申)은 방위(方位)로 따지면 서서남(西西南)의 방위이기 때문에 원숭이띠의 사람은 이 방위의 간지가 본명위(本命位)가 되는 것입니다.

이 신(申) 방위는 미(未)와 합하여 곤(坤)이라고 하며 귀문(鬼門)이라고도 칭하는 방위이기에 신년에 출생한 사람은 특별한 주의가 요구됩니다.

원숭이띠의 지지 구성 길흉표

· 地支 ·

대길 (大吉)	자(子) 진(辰)
길 (吉)	축(丑) 묘(卯) 오(午) 미(未) 신(申) 유(酉) 술(戌)
흉 (凶)	사(巳) 해(亥)(刑·破·害에 해당)
대흉 (大凶)	인(寅)(刑·冲에 해당)

· 九星 ·

吉凶 ＼ 九星	이흑토성인	오황토성인	팔백토성인
대길 (大吉)	구자화성	구자화성	구자화성
길 (吉)	육백금성 칠적금성 오황토성 팔백토성	이흑토성 오황토성 팔백토성 육백토성 칠적금성	육백금성 칠적금성 오황토성 팔백토성
반길 (半吉)	이흑토성		팔백토성
흉 (凶)	일백금성	일백금성	일백금성
대흉 (大凶)	삼벽목성 사록목성	삼벽목성 사록목성	삼벽목성 사록목성

원숭이띠의 직업

원숭이띠의 천품은 하동(夏冬), 여름과 겨울이 한꺼번에 온 상(象)이기에 보통사람의 출입이 많은 직업을 길한 것으로 보는 경향이 있으나 대체적으로 정리 정돈을 주로하는 직업이 가장 좋은 직업이라고 할 수 있습니다. 다음이 일반상업, 국회의원, 지방의회의원, 경찰관 등이 적직이겠으며 그외 의사, 변호사 등도 천성에 알맞는 직업이라고 할 수 있습니다. 총체적으로 말하면 이띠의 사람은 경솔한 점이 있기에 무슨 일이나 처음은 순조롭게 진척되도 도중에 실패가 많아 좌절도 하기 때문에 인내력을 발휘하여 인간관계에 노력하지 않으면 안 됩니다.

또한 일반적인 상업으로는 사람의 출입이 많은 음식점, 요정, 수예품상 등이 인기를 얻을 수 있기에 성공할 수 있을 것입니다.

신월(申月)생의 운세

신월이라고 하면 음력 7월에 해당됩니다. 양력으로는 대략 8월 7일 전후부터 9월 7일 전후가 되므로 달력에 주의가 요합니다.

신월 출생은 작으나마 지혜가 있고 민활하게 행동하는 천성으로 성공의 기회를 잡을 가능성이 많습니다. 그러나 경솔한 점도 있어서 복을 잃는 등 운세에 기복이 많습니다.

신월 전반기에 출생한 사람은 교제는 능숙해서 격렬한 경쟁도 뚫고 나아갈 수 있으나 마음의 변동으로 좌절하거나 고생하는 일도 적지 않습니다. 인내력을 기르는 것이 가장 중요합니다.

신월 후반기에 출생한 사람은 재지(才智)가 풍부하고 일을 찾아 만사 교묘하게 처리해 가므로 상운이 되겠으나 친척과는 인화가 잘 안되고 또한 평상시 구설이 끊이지 않으므로 그것으로 인한 근심 고통 때문에 한 가지 일에 전념할 수 없게 되고 또한 남녀 공히 색난이 있어 운세는 뻗어 나가기가 힘들 것입니다.

원숭이띠의 신병과 수명

원숭이띠의 신병 예측

원숭이띠는 폐장의 지배를 받는다고 하나 사계절 시후의 변화에 따라 눈병, 폐병, 심기항진, 이명, Hansen병, 여자는 난산 등을 잘 일으킨다고 합니다.

이외에 구토, 머리병, 입병, 정신병 등의 우환을 주의하지 않으면 안 됩니다. 또한 신년 생은 원래의 병원은 윗부분에 모여 발병하는 것으로서 주병이나 객병이 동시에 발병을 한다고 합니다.

원숭이띠의 수명 예측

● 갑신년 생은 45세를 넘으면 61세 이상의 수명이 있습니다.
● 병신년 생은 39세를 넘으면 59세 이상의 수명이 있습니다.
● 무신년 생은 13세를 넘기면 49세 이상의 수명이 있습니다.
● 경신년 생은 25세를 넘기면 74세 이상의 수명이 있습니다.
● 임신년 생은 51세를 넘기면 81세 이상의 수명이 있습니다.

※ 또한 신(申) 시각에 출생한 사람은 19세, 22세, 26세, 49세의 4개년은 가장 주의해야 할 해로서 재액을 당하든가 수명이 끝나는 해라고 일컬어집니다.

닭띠(酉年)생의 천성과 운세

닭띠의 생년

신유 (辛酉)　칠적금성 (七赤金星)　1921 년생
계유 (癸酉)　사록목성 (四綠木星)　1933 년생
을유 (乙酉)　일백수성 (一白水星)　1945 년생
정유 (丁酉)　칠적금성 (七赤金星)　1957 년생
기유 (己酉)　사록목성 (四綠木星)　1969 년생
신유 (辛酉)　일백수성 (一白水星)　1981 년생
계유 (癸酉)　칠적금성 (七赤金星)　1993 년생

닭띠(酉年) 생의 천성

　닭띠는 출생한 년대에 따라 간지가 을유(乙酉)년, 정유(丁酉)년, 기유(己酉)년, 신유(辛酉)년, 계유(癸酉)년의 오간이 있고 또한 일백수성, 사록목성, 칠적금성과 같이 각각 다른 구성을 갖고 있기에 닭띠라해도 그 운기는 일률적으로 같을 수 없습니다. 따라서 그 천성, 운세도 다릅니다.

　그러나 닭띠는 대체적으로 머리가 명석하고 지능도 있으며 주도 면밀한 사려심이 있는 교묘한 천성입니다. 남과는 인화의 원만한 점이 있어 싫어하지 않고 신용도 얻어서 행운을 잡고 천덕을 얻을 것입니다. 그러나 좋은 점만 있는 것은 아니고 욕심이 많아 여러 가지 야망을 꿈꾸고 공상하는 버릇이 있습니다. 더욱이 야망은 욕심외에 항상 공중 누각적인 것으로 도저히 실현될 수 없는 것이나 그것을 너무 진지하게 생각한 나머지 지금이라도 곧 실현될 것처럼 착각을 일으키지만 인생허사, 참다운 행운을 잡지는 못하게 됩니다.

　또한 닭띠는 지혜는 상당히 있으나 그 머리가 너무 잘 돌아서 자기에게만 유리하게 돌아가도록 마음대로 생각하고 남을 그릇되게 추측하는 일이 적지 않습니다. 때문에 모처럼 호의를 갖고 대하는 사람을 적대시 한다든가 배은 망덕한 짓을 하게 되는 것입니다. 특히 자기에게 나쁜 감정을 갖고 있는 사람이나 한번 혼이난 사람은 절대로 잊지 않고 집념 강하게 적대시하는 경향이 있습니다.

이 닭띠의 성질은 과장된 겉치레가 심하고 거짓 구변으로 서슴없이 오랜 시간 계속 떠들어대므로 남으로부터 별로 신용을 못 얻습니다. 또한 구변을 장식하듯 몸매도 다듬기를 좋아해서 겉치레하는 사람입니다. 그래서 때로는 신분에 어울리지 않는 돈을 써서 뻐기거나 허영심을 채우는 일을 합니다. 또한 제멋대로여서 자기만 좋으면 남은 어떻게 되든 게의치 않는 자기본위주의적인 표현을 노골적으로 나타내므로 남의 싫증을 사게 됩니다.

그러나 아무리 곤란해도 남에게 의존하는 일은 좋아하지 않아서 남에게 머리를 숙인다든가 남에게 사주를 당하는 일을 싫어하므로 남에게 싫증을 사도 슬프다거나 억울하다고 생각하지 않고 의외로 예사롭게 생각하며 오히려 남을 바보 취급하듯 좀 이상한 성질의 소유자 입니다.

닭띠의 남자는 재지(才智)가 번뜩이는 면이 있어 처세도 능하고 구변도 좋아 손윗사람의 신용을 얻어 고위에 승진할 수 있으나 무슨 일에나 싫증을 잘 내어 오래 지속하지 못하고 좌절하고 맙니다. 또한 평상시는 온순하기에 남과 다투는 일은 거의 없으나 때로는 노기를 띠어 일단 성이 나면 미친사람이 되어 손을 쓸 수 없게 하고 주위 사람을 곤란하게 합니다.

닭띠의 여자는 허영심이 강해서 겉치레가 심하고 몸을 치장하는 버릇이 있습니다. 또한 상당히 다정하기도 합니다. 감정은 대단히 민감하여 상대방의 일거수 일투족으로 심정을 간파해내는 천성입니다. 또한 지기 싫어하는 성질이지만 색정에는 맹목적인 면이 있고 유혹에는 의외로 약해서 휘말리고 맙니다. 때문에 의리나 인정을 구별 못하는 경향이 있어 패가 망신을 부르는 사람도 있습니다. 그래서 부모·형제와 인연이 박한 사람이 많다고도 합니다. 닭띠는 남녀 공히 색정 때문에 실패하는 사람이 많으나 구변에는 허언이 많아 화근을 부르는 경우가 있으니 이점 삼가하지 않으면 안 됩니다.

닭띠 전반기생의 천성

닭띠해의 전반기에 출생한 사람은 재지(才智)가 있고 유순하게 보이며 처세술도 상당히 능하나 본심은 강정하여 남의 의견을 받아들이지 못하고 자기멋대로 행동하다 실해하는 수가 많습니다.

또한 이 사람은 취직을 해도 상당한 지위까지 승진할 수 있고 장사를 해도 번창하는 복을 타고났으나 입이 너무 빨라 신용을 잃든지 계획을 잘못해서 도중 실패의 위험이 많으므로 건실한 노력을 하지 않으면 안 됩니다.

닭띠 후반기생의 천성

닭띠 후반기생은 고위고관직에 승진할 천덕은 있으나 박복하여 설혹 고관으로 승진이 되어도 부를 쌓기는 어려울 것입니다. 장사도 노력 여하에 따라서 번창은 하지만 바쁜 만큼 이익은 많치 못합니다. 또한 이 출생인은 자부심이 강해서 남을 얕보는 습성이 있고 배은 망덕하여 은혜를 원수로 갚는 암시도 있기에 수양을 쌓아 적선하도록 노력하지 않으면 안 됩니다.

닭띠의 운세

닭띠는 을유, 정유, 기유, 신유, 계유의 간지가 있고 그외 일백수성, 사록목성, 칠적금성의 구성으로 나눠지게 되므로 닭띠라해도 그 운성의 유인에 따라 천리에 기초한 천성이나 운세의 성쇠 변화가 있음은 말할 필요 없습니다.

아래에 각 해의 특성과 각 월생의 운세 대요를 들어 참고로 제공합니다.

을유(乙酉)년 생 닭띠의 운기 성쇠

을유년 생은 남과의 인화성도 있고 처세술도 나쁘지 않은 중위의 운세이나 진취의 기상이 약하고 태만하여 천복을 깨고 쇠운이 됩니다. 작은 일이라도 소홀히 하지 말고 근면을 다한다면 개운될 것입니다.

생월에 따라 성품, 운세에 차이가 있으니 유의하십시오.

1월생의 사람: 천복은 있으나 자기의 지능을 과신한 나머지 지나쳐서 실패합니다.

2월생의 사람: 용기가 있으나 남을 경시하며 인화를 도모하지 못해 운세 개발이 늦습니다.

3월생의 사람: 천성을 충분히 살리지 못하므로 운세가 상승되지 못합니다. 실력을 길러야 하겠습니다.

4월생의 사람: 중운이긴하나 나태한 마음씨와 주색을 삼가하지 않으면 스스로 복을 잃습니다.

5월생의 사람: 포부는 좋으나 노력 부족으로 일이 성사되지 않고 운세는 쇠퇴합니다.

6월생의 사람: 제멋대로이고 앞뒤를 가리지 않고 전진하므로 실패 후 하운이 되겠습니다.

7월생의 사람: 지혜를 과신하고 무리한 행동으로 재앙을 부르고 복을 잃겠습니다.

8월생의 사람: 남과 다툼을 잘하고 미움을 사는 관계로 성공하지 못하고 운세가 열리지 않습니다.

9월생의 사람: 강폭한 점이 있어 실패가 많으나 인화에 힘쓰면 개운되겠습니다.

10월생의 사람: 기가 강하여 대업을 꿈꾸나 노력 부족으로 실패가 많고 박복합니다.

11월생의 사람: 일처리가 완만한데다 변심도 심해서 운세는 지지 부진하여 개운되지 않습니다.

12월생의 사람: 천복이 있어 노력 여하에 따라 성운이 되겠으며 장사는 크게 번창하겠습니다.

정유(丁酉)년 생 닭띠의 운기 성쇠

정유년 생은 사려 깊은 점이 있긴하나 항상 지름길로만 가려다가 함정에 빠지는 운기가 있어 운기를 파하는 격입니다. 정도(正道)를 가면서 적선을 하면 운세는 개척되고 천복을 얻을 수 있습니다.

생월에 따라 성품, 운세도 달라지기에 참고로 대요를 추렸습니다.

1월생의 사람: 기가 강하여 논쟁을 좋아하기 때문에 운기를 깨뜨려 하운이 됩니다.

2월생의 사람: 사려 깊고 천복도 있기에 천성을 지켜가면 개발되어 복분도 얻습니다.

3월생의 사람: 마음의 변동이 많아 맡은 업무를 끝까지 해내지 못하고 주거문제에도 불안이 있어 고생합니다.

4월생의 사람: 사람과 인화도 이루고 교제도 능숙하나 주색에 빠져 미혹에 흐르므로 운세가 뻗지 못합니다.

5월생의 사람: 이것저것 등 마음에 동요가 심해 무슨 일이나 손에 잡히지 않고 복을 잃습니다.

6월생의 사람: 모략성이 있어 오히려 재난을 초래하게 되고 삼가하지 않으면 하운이 됩니다.

7월생의 사람: 항상 남과 다투려 하기에 비뚤어진 길을 가게 됩니다. 바른길을 택하도록 고치지 않으면 개운은 안 됩니다.

8월생의 사람: 천복이 있어 중운이나 신분에 상응하지 않는 대망을 갖으면 반드시 실패합니다.

9월생의 사람: 사려심도 있고 재능도 있으나 좀 욕심이 많아서 실패수도 있습니다.

10월생의 사람: 남을 경시하고 마음이 들떠있기에 개운되지 않으나 그것만 삼가하면 중운입니다.

11월생의 사람: 지능은 있으나 마음은 안정되지 않아 일정한 일에 매진하지 못하므로 복을 줄입니다.

12월생의 사람: 사람됨이 호기(豪氣)이고 논쟁을 좋아하므로 만사 온화하게 처리하지 않으면 개운되지 않으며 복을 얻을 수 없습니다.

기유(己酉)년 생 닭띠의 운기 성쇠

기유년 생은 재지있게 일을 처리하며 계략을 갖고 대처하지만 자기 꾀에 넘어가는 일이있어 오히려 운기를 파하는 염려가 있습니다. 만사 삼가하고 진심으로 대처하면 천덕을 얻어 성운이 될 것입니다.

생월에 따라 성품, 운세가 각각 달라지므로 유의하십시오.

1월생의 사람: 한 가지 기능에 통달하게 되나 게으름을 피우면 운세는 뻗어가지 못합니다.

2월생의 사람: 천성을 지켜 정신을 쏟으면 운세는 성운이 되고 천복도 얻습니다.

3월생의 사람: 나약하고 의욕이 없어 운세는 뻗지 못하고 하운이 됩니다.

4월생의 사람: 무슨 일을 해도 뜻대로 진척이 안 되고 주거문제도 불안해서 고생합니다.

5월생의 사람: 앞으로 밀고가려하나 계속해서 지장만 생기고 고생이 많아 하운입니다.

6월생의 사람: 재지있고 천복도 있으나 자기 꾀에 넘어가 재난을 부르고 고생합니다.

7월생의 사람: 천방지축이면서 무리로 밀고가려 하기 때문에 다툼이 많고 개운은 안됩니다.

8월생의 사람: 너무 큰 일을 희망하나 실력부족으로 실패만 거듭합니다. 그점 삼가 하시길 바랍니다.

9월생의 사람: 천복은 있으나 투기심이 왕성하여 실패만 거듭되고 복분을 파하게 됩니다.

10월생의 사람: 무엇을 해도 태만 때문에 완수되지 못하고 작은 복을 감수하게 됩니다.

11월생의 사람: 사려 깊고 지능도 있어 성운이 전개되므로 천복을 얻게 됩니다.

12월생의 사람: 생각이 깊고 일처리를 함에 결단이 빠르고 호기를 잡는 능력이 있어 천덕을 얻을 것입니다.

신유(辛酉)년 생 닭띠의 운기 성쇠

신유년 생은 지혜와 재능을 겸비하여 일을 처리함에 계략을 갖고 대처하나 너무 지나쳐서 오히려 의혹만 불러일으키게 되고 자기 꾀에 넘어가서 운기를 해치게 됩니다. 솔직하게 행동하면 개운도 빠르고 천복도 얻게 됩니다.

생월에 따라 각자의 성품이나 운세도 달라지므로 유의하십시오.

1월생의 사람: 한 가지 기능에 통달하나 친화성이 박하고 겸손하게 나아가면 복을 받습니다.

2월생의 사람: 남을 부려 일을 하고자하나 인화를 이루지 못하고 색정에도 재난이 있습니다. 이것을 삼가하면 길운이 됩니다.

3월생의 사람: 천복은 있으나 끊고 맺음이 깨끗하지 않고 주색에 빠지면 실패합니다.

4월생의 사람: 활발한 행동을 할 수 있는 것은 길한 일이나 호악 지념이 강해 일관되지 못하고 복을 깹니다.

5월생의 사람: 마음의 동요가 심하나 침착하게 분발하면 점차 개운됩니다.

6월생의 사람: 교활한 수단으로 이득을 보려는 습성 때문에 재난을 불러 복을 감하게 됩니다.

7월생의 사람: 강폭하고 음험한 성격 때문에 다툼이 많고 남과 화합하지 못하므로 하운이 됩니다.

8월생의 사람: 너무 강직하고 용감해서 상인으로는 적격이 아니나 근검 절약을 지키면 중운은 됩니다.

9월생의 사람: 분수를 지키고 건실하게 살아가면 중운은 되지만 큰 일을 바라면 실패하여 하운이 됩니다.

10월생의 사람: 마음에 변동이 심하고 생각이 얕아 저돌적으로 행동하면 반드시 실패하고 박복해집니다.

11월생의 사람: 천덕이 있어 고위직에 승진될 운기가 있으며 상업도 번창합니다.

12월생의 사람: 지혜있음을 과신하고 지나치게 행동하면 실패하겠고, 인화를 이루어야 개운됩니다.

계유(癸酉)년 생 닭띠의 운기 성쇠

계유년 생은 재지가 뛰어나고 비범한 결단력도 있는 천성이기에 운기는 활발히 움직이지만 남의 앞장을 서면 실패합니다. 겸양 지심을 잃지 않으면 천복을 얻어 행복해질 수 있습니다.

생월에 따라 운기, 성품도 각자 달라지므로 참고로 기술합니다.

1월생의 사람: 수재로 천복도 갖추어 있고 결단력도 있어 활동적이기에 상운입니다.

2월생의 사람: 천복은 있으나 허식이 많고 건실성이 부족하여 운세는 뻗어가지 못합니다.

3월생의 사람: 양기(陽氣)의 기질이면서 무모한 짓을 하기 때문에 천복을 해치나 건실하면 중운은 됩니다.

4월생의 사람: 남을 위협하는 버릇이 있으나 실제는 담력이 박약하고 실행력이 없어 운기는 하운입니다.

5월생의 사람: 색정을 너무 밝히고 불량한 마음씨를 갖고 있어 이것을 삼가하지 않으면 안 됩니다. 그렇지 않으면 중운은 됩니다.

6월생의 사람: 크게 성공할 수 있으나 태만 때문에 좌절하게 되고 복도 잃습니다.

7월생의 사람: 금전 이식에는 묘한 재주가 있으나 교활하고 성질
이 모질고 거만하여 운세가 뻗어가지 못합니다.

8월생의 사람: 사려심은 있으나 마음의 동요가 심해 아무일도 이
루지 못하고 운세 개발이 늦습니다.

9월생의 사람: 기가 너무 강하고 남에게는 몰인정하여 미움을 사
서 복을 해치고 운세도 뻗지 못합니다.

10월생의 사람: 의지가 강고하여 유혹에 빠지지 않으며 직업을 굳
게 지키므로 천복을 다 누릴 수 있습니다.

11월생의 사람: 중운이나 천방지축 제멋대로하고 인화를 도모하지
못하므로 실패합니다.

12월생의 사람: 지혜도 있는 반면 예능에도 소질이 있어 중운이고
복도 있습니다.

구성(九星)으로 본 천성과 운세

닭띠생으로 일백수성(一白水星)의 천성과 운세

일백수성의 닭띠는 사려심도 깊고 기지가 있어 무슨 일이나 잘 해내는 편이어서 타인의 사랑을 받으나 박복하기 때문에 고생을 하겠습니다. 올바르게 계획을 세워 건실하게 노력을 하면 독립해서 개운될 천덕이 있습니다. 그러나 주의해야 할 점은 허영심이 많아 낭비가 많겠고 일에 열의가 부족하기 때문에 운세상에 부침이 많아 고생이 끊이지 않습니다. 그래도 부모에게 효도하니 중년 말기부터는 점차 안정됩니다. 진짜 행운기는 만년 후입니다.

닭띠생으로 사록목성(四綠木星)의 천성과 운세

사록목성의 닭띠는 사려도 깊고 재능도 있으면서 처세술도 좋기에 20대부터 성년기에 걸쳐 한때 성운기가 있어 고생을 모르고 지나게 되나 마음의 흔들림이 많아 갈길을 헤아리지 못하거나 중요한 시점에 이르러 결단심이 둔해져서 앞으로 나아갈 수가 없게 되어 중년기는 운세가 저미하여 곤란한 일이 적지 않을 것입니다.

또한 지나치게 생각하는 버릇 때문에 오히려 반감을 사서 믿는 도끼에 발등 찍히는 격이 되니 삼가해야 합니다. 대체로 중년기부터 만년초기에 걸쳐 인생의 곤란기라고 할 수 있습니다.

닭띠생으로 칠적금성(七赤金星)의 천성과 운세

닭띠로 칠적금성인 사람은 대단한 양기(陽氣)로 정의감이 강한 천성을 타고나며 운세도 건전하게 뻗어가는 운기이나 양기의 천성이 화려한 것을 좋아하게 되므로 낭비가 많게 되고 모처럼의 상운을 미혹하게 만드는 꼴이 됩니다. 따라서 주거문제에 불안이나 직업을 전전하게 되어 예상외의 고난을 초래하게 됩니다.

간추려보면 중년기부터 중년 말기가 가장 고생이 많은 시기가 될 것이므로 만사 지나침이 없도록 삼가하고 인내력을 발휘함이 중요합니다. 천복은 있기에 만년은 행복하게 보낼 수 있을 것입니다.

닭띠의 상성(相性)

상성이 좋고 나쁨은 궁합 등의 연담은 말할 것도 없거니와 사회적 대인관계나 방위(方位), 해당 년·월·일·시의 길흉에 관계되는 중요한 것입니다.

유(酉)는 방위로 말하면 정남(正南)의 방위이기 때문에 유년(닭띠)은 이 방위가 자신의 본명위(本命位)가 되는 셈입니다.

이 방위는 백호(白虎)라 하여 살기(殺氣)를 내포하여 파란을 암시하는 방위이기에 누구나 주의해야 할 방위입니다. 특히 닭띠의 사람은 심중한 주의를 하지 않으면 안 됩니다.

닭띠의 지지 구성 길흉표

· 地支 ·

대길 (大吉)	축(丑) 사(巳) 진(辰)
길 (吉)	인(寅) 오(午) 미(未) 신(申) 해(亥)
흉 (凶)	자(子) 유(酉) 술(戌) (破·刑·害에 해당)
대흉 (凶)	묘(卯) (沖에 해당)

· 九星 ·

九星 吉凶	일백수성인	사록목성인	칠적금성인
대길 (大吉)	육백금성 칠적금성	일백수성	이흑토성 오황토성 팔백토성
길 (吉)	삼벽목성 사록목성	삼벽목성 구자화성	일백수성 육백금성
반길 (半吉)	일백수성	사록목성	칠적금성
흉 (凶)	이흑토성 오황토성 팔백토성	이흑토성 오황토성 팔백토성	삼벽목성 사록목성
대흉 (大凶)	구자화성	육백금성 칠적금성	구자화성

닭띠의 직업

유(酉)의 천품은 각조(刻鳥)가 우리 안에서 우는 상이기에 보통 예술가로 보는 경향이 있습니다. 이는 예술가 중에서도 조각가가 특히 천직이지만 그외 학자, 화가, 음악가도 제일로 꼽는 적직입니다.

취직을 하여도 이 방면에 취직을 하면 가장 좋고 관공서 등의 일반직은 그 다음이고 상업은 하위라고 판단됩니다.

유년 생의 천성은 지혜가 깊고 사려심도 주도하며 명예를 존중하기 때문에 예술을 지망하면 가장 적합한 천직이 되어 영달을 할 수 있는 가능성은 대단히 많은 것입니다. 물론 생월이나 생일 등에 의하여 선호도의 차이는 있으나 서예가, 화가, 조각가, 문학, 음악, 도예 등의 직업이 한결같지는 않기 때문에 처음에 올바르게 선정하는 것이 성공의 열쇠라고 할 수 있습니다.

제2의 직업으로는 공무원이나 법무관도 좋겠고 상업이라면 장식업 등에 종사하면 성공할 것입니다.

유월(酉月)생의 운세

유월은 음력 8월이 되고 양력으로는 대략 9월 7일 전후부터 10월 7일 전후 사이에 해당됩니다. 출생년도의 달력에 주의 바랍니다.

유월 출생인 사람은 지혜도 있고 조용한 천성으로 상류계층에 속할 재지가 있습니다. 교제도 능하고 천복도 있으나 큰 대업을 바란다면 고생이 많고 오히려 도산하기 쉬운 경우가 많습니다.

유월 전반기에 출생한 사람은 운세가 강한 점은 있으나 사람이 고만하고 남을 경멸하려 하고 거짓을 늘어놓아 남을 속이기도 하기 때문에 자기 스스로 운을 파해서 곤경에 처하게 됩니다.

유월 후반기에 출생한 사람은 관대한 마음을 갖고 있으나 한번 밉게 보면 증오심이 강렬해지며 부모지간이나 부처간, 또는 친구간의 의리 인정도 박해서 거의 고립되는 경향이 있기에 중년기까지 신고가 많습니다. 그러나 중년 후기부터는 점차 운기도 좋아집니다.

닭띠의 신병과 수명

닭띠생의 신병 예측

닭띠는 일반적으로 폐장의 지배를 받는다고 하나 사계절 시후 변화에 따라 눈병, 폐병, 심기항진, 이명, 난산 등을 잘 일으키기에 이점 주의해야 합니다. 닭띠는 원래 병중이 몸의 안밖으로 나타나므로 항상 홀연히 윗부분에 나타났다가 아랫쪽으로 옮겨지기도 하는 치유가 곤란한 점이 있다고 합니다.

닭띠의 수명 예측

● 을유년 생은 66세를 넘으면 82세 이상의 수명이 있습니다.
● 정유년 생은 16세를 넘기면 26세 이상의 수명이 있습니다.
● 기유년 생은 66세를 넘기면 85세 이상의 수명이 있습니다.
● 신유년 생은 16세를 넘기면 78세 이상의 수명이 있습니다.
● 계유년 생은 39세를 넘기면 76세 이상의 수명이 있습니다.

※ 또한 유의 시각에 출생한 사람은 22, 28, 39, 46세의 4개년은 가장 주의해야 할 해로서 재액을 받든가 수명을 다하는 해가 되기도 합니다.

개띠(戌年)생의 천성과 운세

개띠의 생년

임술 (壬戌) 육백금성 (六白金星) 1922년생

갑술 (甲戌) 삼벽목성 (三碧木星) 1934년생

병술 (丙戌) 구자화성 (九紫火星) 1946년생

무술 (戊戌) 육백금성 (六白金星) 1958년생

경술 (庚戌) 삼벽목성 (三碧木星) 1970년생

임술 (壬戌) 구자화성 (九紫火星) 1982년생

갑술 (甲戌) 육백금성 (六白金星) 1994년생

개띠 (戌年) 생의 천성

한 마디로 개띠라고 하나 출생한 년대에 따라 간지는 다릅니다. 즉 갑술(甲戌), 병술(丙戌), 무술(戊戌), 경술(庚戌), 임술(壬戌)의 간지가 있고 또한 삼벽목성, 육백금성, 구자화성과 같은 구성이 있기에 사람마다 받는 영향도 각각 다르게 되며 그 천성과 운세도 결코 같을 수 없음은 두말할 것이 없습니다.

그러나 고통적인 술년 생의 천성을 말하면 마음은 온건하나 불요 불굴의 정신이 있고, 정직하면서 의리가 굳은 천성이기 때문에 바르지 못한 일이나 거짓을 싫어합니다. 따라서 정의를 위해서는 분투하는 용기가 있음은 이 개띠의 장점입니다. 그러나 노하기를 잘하고 제멋대로의 자아가 강하여 자기 뜻에 맞지 않는 것은 쳐다보지도 않는 성질입니다.

동정심이 많아 남에게는 친절한 성질이여서 남의 어려운 점을 잘 도와주며 흠모의 대상이 되기도하나 의사 표시가 서툴러서 가슴속에 간직하고 있는 의사를 그대로 충분히 전달하지 못하는 불편이 있습니다. 그것은 의리에 어긋나는 천성이라고는 할 수 없고 다만 의사 표시의 불완전으로 상대방에게 실수를 하기 쉬운 것이 이 개띠에게 잘 있는 일입니다. 그러나 그런 본의 아닌 잘못을 빨리 상대방에게 이해되도록 양해를 구한다면 문제는 없습니다.

이 개띠는 정직한 천성을 그대로 살려 손윗사람을 따라 순종해 간다면 빨리 복분도 얻게 됩니다.

또한 개띠는 정직하고 의리가 굳은 점이 있으나 그외 완고한 점도 있어서 좀 의심이 많고 남의 말에는 솔직하게 그대로 따라가지 않으므로서 손해를 보는 경우가 많습니다. 또한 자기 의사를 거역하는 사람을 미워하는 결점이 있기에 스스로 적을 만들게 됩니다.

개띠의 남성은 비교적 재주가 있기에 무엇이나 할 수 있고 봉급생활이나, 상업을 해도 번창하는 복분이 있습니다.

대인관계로는 여러 사람과의 연애 때문에 가정적 트러블이 적지 않을 것입니다. 고집이 상당히 있지만 말싸움은 잘 안 하는 성질로 혹시 싸울 일이 있으면 슬그머니 꽁무니를 빼는 편입니다.

개띠의 여성은 지기 싫어하는 면이 있으나 정직하고 소심한 사람이 많습니다. 상당히 허영심이 강해서 옷치장이 심하고 비교적 말이 많습니다. 또한 만사 열어제쳐놓고 사는 식이기 때문에 뒷처리가 서툴고 문란한 점이 있으나 고통은 잘 참아넘기는 장점도 갖고 있습니다.

색정은 강한 편이어서 한 번의 인연으로는 끝나지 않는 경향이 있습니다.

이 개띠는 남녀 공히 애정이 있으면서 자상하고 유혹에도 넘어가기 쉬워 남녀관계에는 특히 주의해야 할 것입니다. 또한 앞뒤 처리를 깨끗이하여 축재에 진력하도록 하면 복도 얻게 되고 번영하게 됩니다.

개띠 전반기 생의 천성

개띠해 전반기에 출생한 사람은 지혜가 있으며 학문을 좋아하는 점이 있으나 게으름을 피우는 나태심이 있기 때문에 근면하도록 노력하지 않으면 좌절운도 있습니다. 고위직으로 승진할 천덕은 있으나 박복하기에 관직에서 고위직을 차지한다 해도 축재는 하지 못할 것입니다.

만사에 일처리는 능숙하기 때문에 무슨 일을 해도 잘 꾸려 나가겠으나 은혜를 원수로 갚는 성질이 있어 남의 미움을 사게 되니 삼가하고 경계해야 할 일입니다.

개띠 후반기 생의 천성

이 해 후반기에 출생한 사람은 손윗사람의 도움이 있고 고위직에 오를 운기도 있으나 중도에 파하게 될 운수도 많아 대성할 수가 없으니 박복한 편입니다. 또한 이 후반기생은 분쟁이나 논쟁에 휘말리는 일이 많고 이 일을 항상 마음에 두어 남을 의심하기도 하여 업무에 태만해지기 쉬우므로 항상 솔직 담백하도록 노력해야 하겠습니다. 사람과의 교제는 비교적 많으나 자기에게 덕이 되는 일은 별로 없는 생활이 됩니다.

개띠 생의 운세

개띠생으로는 갑술(甲戌), 병술(丙戌), 무술(戊戌), 경술(庚戌), 임술(壬戌)의 간지가 있음은 이미 기술하였으나 이외에 삼벽목성, 육백금성, 구자화성의 구별이 있습니다. 이와같이 간과 구성의 구별이 있기에 같은 개띠라 해도 그 운기와 천리에 은거하여 천성이나 운세의 성쇠에 변화가 있게 됨은 말할 필요 없습니다.

아래 각년 각월별 운세의 대요를 들어 참고로 제공합니다.

갑술(甲戌)년 생 개띠의 운기 성쇠

갑술년 생은 외면은 용기있게 보이나 내심은 그렇지 못할 뿐 아니라 정의감도 약하면서 분방성(奔放性)이기 때문에 운기가 개발되지 못하고 박복하기도 합니다. 그러나 근면성을 발휘하도록 노력하면 개운도 되고 복도 받게 됩니다.

1월생의 사람: 너무 기강하여 인정이 박하고 잔혹성도 있어 남의 원한을 사서 하운이 됩니다.

2월생의 사람: 한 가지 기능에 통달하여 천복도 있으나 태만 때문에 하운이 됩니다.

3월생의 사람: 손쉽게 모든 일을 처리해내므로 행복하면서 상운이고 여자는 특히 복이 많습니다.

4월생의 사람: 한 가지 예능에 능숙하고 중운이지만 허영심을 삼가하지 않으면 천복을 깨뜨리게 됩니다.

5월생의 사람: 지혜를 짜서 언제나 지나친 일을 도모하는 버릇이 있어 실패가 많고 운세는 열리지 않습니다.

6월생의 사람: 구변은 있으나 간지(奸智)이고 정도(正道)를 가지 못하기에 천복을 얻지 못합니다.

7월생의 사람: 지능이 있고 원만한 성격으로 상운이나 태만해지면 실패합니다.

8월생의 사람: 음험한 성질로 인화를 해치는 일이 있어 천복을 다 하지 못합니다.

9월생의 사람: 지려심이 있고 한 가지 예능에 통하게 되나 색욕을 경계하지 않으면 재액이 침범합니다.

10월생의 사람: 언행이 일치하지 못하고 의심이 많아 운세가 개발되지 못하고 박복해집니다.

11월생의 사람: 남과 인화도 잘 이루고 솜씨가 있어서 점차 운세도 개발되어 복분도 얻게 됩니다.

12월생의 사람: 마음이 너무 강정하고 노기를 띠므로 남의 사랑을 받지 못하고 개운도 늦어집니다.

병술(丙戌)년 생 개띠의 운기 성쇠

병술년 생은 인정도 많고 의리도 강한 성질이기에 내몸을 돌보지 않고 남을 위해 진력하므로 운세는 빨리 열리고 복도 받게 됩니다. 의리심이 없는 사람은 복도 박해져서 하운이 됩니다.

생월에 따라 성품, 운세에 차이가 있으니 유의 하십시요.

1월생의 사람: 남을 위하여 진력하므로 장애도 적고 운세는 순조로우며 복도 있습니다.

2월생의 사람: 한 가지 예능에 통달하고 포부도 크지만 마음의 변덕이 심해서 복을 잃을 수 있습니다.

3월생의 사람: 사려 분별심도 있거니와 친화성도 있어서 운세 개발이 빠르고 상운으로 이어집니다.

4월생의 사람: 생각이 짧고 사물을 처리하는데 앞뒤를 가리지 않고 돌진하기 때문에 실패가 많고 운세가 뻗어가지 못합니다.

5월생의 사람: 담력이 결핍되고 분발심이 없어서 만사가 침체되고 복분이 박합니다.

6월생의 사람: 기품은 높으나 마음이 안정되지 않아 무슨 일이나 앞뒤 처리가 깨끗하지 못해 개운이 안 됩니다.

7월생의 사람: 모략성이 심해서 오히려 실패하게 되고 운세는 뻗지 못하면서 고생만 되풀이하게 됩니다.

8월생의 사람: 외견상으로는 침묵을 지키고 독립심도 있으나 남과 다투기를 잘하기에 복을 파할 것입니다.

9월생의 사람: 의지를 세운 뒤 한길로만 밀고가며 좌우를 돌보지 않기 때문에 무릎을 꿇게 되고 운기는 정해지지 않는군요.

10월생의 사람: 유복하고 축재심도 강하기 때문에 운기는 상운이 되겠으나 색욕에 주의해야 합니다.

11월생의 사람: 침묵형이고 노고가 많은 사람이지만 성실하게 일하므로 복을 얻습니다.

12월생의 사람: 남을 사랑하고 계획도 진실되게 세워나가므로 개운하고 복도 얻게 됩니다.

무술(戊戌)년 생 개띠의 운기 성쇠

　무술년 생은 기강하여 남의 말은 잘 듣지 않는 버릇이 있으나 독립 의지가 강한 천성입니다. 운기는 중위정도이나 남을 경멸하면 하운으로 떨어집니다. 남과 인화를 도모하고 진실되게 노력하면 빨리 개운되고 천복을 다 얻을 것입니다.

　생월에 따라 성품, 운세가 각각 다르게 되므로 유의하여 참고하십시오.

1월생의 사람: 마음에 노기를 띠고 남을 대할 때는 다투기를 잘하여 운세는 뻗지 못하고 하운이 됩니다.

2월생의 사람: 활발하게 활동하는 천성으로 한 가지 예능에도 통달하니 복분도 있고 상운이 됩니다.

3월생의 사람: 고상한 재지가 있고 만사 순조롭게 진척되니 천덕을 얻겠습니다.

4월생의 사람: 기예부문에 통달하여 남의 사랑을 받으나 제멋대로여서 천복을 간직하지 못합니다.

5월생의 사람: 사려있고 온화하며 남에게 친절하기에 점차 개운되어 행복해집니다.

6월생의 사람: 감정이 풍부한 천성으로 의지도 견고하기 때문에 제반사가 잘 진척되고 천복을 얻습니다.

7월생의 사람: 고집이 세고 남과의 친화성이 부족하여 운세는 뻗지 못하고 고생을 하겠습니다.

8월생의 사람: 재능이 있으면서 기예부문은 남의 추종을 불허하니 운세는 순조롭게 뻗게 되고 복도 있습니다.

9월생의 사람: 지략이 있어 활발하게 움직이나 투기심 때문에 실패가 많고 개운이 안 됩니다.

10월생의 사람: 한 가지 예능에 통달하고 교묘하게 처세하니 운기도 상운이고 큰 일을 바라지 않으면 행복합니다.

11월생의 사람: 의기왕성하게 처음은 맹렬히 전진하나 뒤에는 운기 침체하게 되어 운세가 가라앉게 됩니다.

12월생의 사람: 활발하지 못하고 무엇에나 의욕이 없기에 박복하고 개운이 어렵습니다.

경술(庚戌)년 생 개띠의 운기 성쇠

경술년 생은 의협심이 있고 실행력도 있어서 활발히 활동하므로 운세는 빨리 열리게 되고 복분도 점차 많아지게 되나 경솔한 점이 있기에 운세에 성쇠 부침이 있습니다. 따라서 깊이 삼가하지 않으면 안 됩니다.

생월에 따라 성품, 운세는 달라지게 되니 유의 바랍니다.

1월생의 사람: 중운은 되나 만사에 노력이 부족하여 운기가 충분히 뻗지 못하고 복을 해치게 됩니다.

2월생의 사람: 지능이 있고 한 가지 예능에 뛰어나 천덕을 얻으니 성실하면 성운이 되겠습니다.

3월생의 사람: 사려 깊고 온화하여 타인과의 인화를 도모하게 되니 점차 운세는 열립니다.

4월생의 사람: 무엇이나 순조롭게 이루어갈 중운이긴 하나 남과 다투기를 삼가해야 됩니다.

5월생의 사람: 호방한 성질을 지나치게 앞으로 돌진해가려 하기 때문에 실패합니다. 침착하게 행동하면 길운이 됩니다.

6월생의 사람: 재지가 뛰어나서 예능에 통달하게 되므로 상운이 되겠고 복도 많습니다.

7월생의 사람: 진보할 가능성은 있으나 험악한 기질이 많아 운세
는 지지 부진 뻗지 못합니다.

8월생의 사람: 무슨 일이나 건실하게 처리해가므로 일찍 개운되고
천덕을 얻게 됩니다.

9월생의 사람: 좀 들떠 있는 기질이긴 하나 그점을 삼가하고 가업
을 지켜가면 상운입니다.

10월생의 사람: 중운이나 대업을 꾀하고 지나치게 밀고가면 실패
하게 되고 운을 손상합니다.

11월생의 사람: 일은 잘 하나 저축심이 없어 남의 유혹 때문에 낭
비만 심해지고 스스로 복을 깨고 고생합니다.

12월생의 사람: 활발한 점이 있으나 자기 마음대로여서 개운이 늦
고 복을 손상합니다.

임술(壬戌)년 생 개띠의 운기 성쇠

임술년 생은 용기가 있어서 상당한 성공이 가능합니다. 그러나 한편 의심이 깊어서 음험한 점이 있기 때문에 운기는 지지 부진하고 개운은 늦어집니다. 이점 삼가하면서 음덕을 쌓아가면 천덕을 얻어 운세는 개발될 것입니다.

생월에 따라 성품 운세는 각각 달라지므로 유의하시기 바랍니다.

1월생의 사람: 성품이 강정하고 자만스럽고 음험한 점이 있어 운세 개발이 안 됩니다.

2월생의 사람: 재지가 있어 중운입니다. 특히 여자는 용모가 아름답고 기질이 온순하여 덕이 있습니다.

3월생의 사람: 사려 깊고 기능에 통달하나 허식을 선호하기 때문에 상운은 안 되겠습니다.

4월생의 사람: 지혜만을 믿고 생각대로 행동하기에 운기는 하운입니다.

5월생의 사람: 활발한 점은 있으나 간지(奸智)에 능해 남을 괴롭히게 되니 운세 개발이 안 됩니다.

6월생의 사람: 계획이 너무 크고 욕심이 과하여 만사 시행 착오가 많고 운세는 제자리에서 방황합니다.

7월생의 사람: 독립의 의지는 있으나 남과의 인화가 안 되고 독단적이기에 운기가 열리지 않습니다.

8월생의 사람: 사려 깊고 한 가지 기능도 있으나 자비심이 결핍되어 개운은 늦고 고생이 많습니다.

9월생의 사람: 마음의 동요가 심하고 만사에 손을 대니 한 가지도 얻지 못하고 복을 감합니다.

10월생의 사람: 남의 사랑을 받게 되니 성실하게 움직이면 천복을 누립니다.

11월생의 사람: 용기가 있으면서 의협심도 있어 남으로부터 존경을 받게 되니 점차 성운이 됩니다.

12월생의 사람: 외견은 온화하나 내심은 노기를 띠어 인화를 이루지 못하니 개운이 늦어집니다.

구성(九星)으로 본 천성과 운세

개띠생으로 삼벽목성(三碧木星)의 천성과 운세

삼벽목성의 개띠는 용기가 있으면서 친절한 천성이나 성급한 점이 있어 경솔하기에 실패수가 있습니다.

20대에는 부모 슬하를 떠나는 암시가 있으며 중년기에는 남의 배신을 당해 고생하게 되는 암시도 있으니 주의하지 않으면 안 됩니다. 그러나 용기가 있기 때문에 다소의 고생이나 곤란에 침체되지 않고 밀고 나아가게 되니 원조자도 나타나고 중년 후기부터 만년에 걸쳐서는 점차 운세는 왕성해지고 행복을 얻게 됩니다. 특히 편굴해지지 않도록 주의하는 것이 긴요합니다.

개띠생으로 육백금성(六白金星)의 천성과 운세

육백금성의 개띠(戌年)는 정직하고 의리가 굳으며 의협심도 강한 천성입니다. 또한 남을 잘 도와주며 자기에게 이익이 되지 않는 일이라도 남을 위하여 도와주는 미점이 있습니다. 그래서 남의 신용을 얻게 되고 손윗사람의 도움도 받게 되지만 좀 편굴하고 성미가 급하고 주색을 좋아하므로 운세 개발이 늦어집니다.

그러나 천덕은 있는 것이니 단점을 삼가하고 겸양지심을 갖고 대처하면 운세는 열리고 행운을 잡게 됩니다.

개띠생으로 구자화성(九紫火星)의 천성과 운세

구자화성의 개띠는 재지(才智)있고 불요 불굴의 정신이 있어서 활동적인 천성입니다.

다만 만심이 있고 화려함을 좋아하니 헛치장이 심하고 색기도 지나쳐서 낭비가 대단히 많아 복이 몸에 붙지 않는 것입니다.

그러나 운세는 비교적 상운으로 중년기에는 한때 성운이 되겠으나 대저 주와 색으로 실패합니다. 모든 일에 잘 참아내면서 성의를 다하면 원조자도 있게 되고 천덕을 얻게 되니 만년은 행복해 질 수 있습니다.

개띠의 상성(相性)

상성의 길흉은 궁합, 연담은 물론이고 사회적인 대인관계나 방위 및 해당 년·월·일의 길흉에 관한 중요한 것입니다.

술(戌)은 서서북(西西北)의 방위이므로 술년 생의 사람은 이 방위가 본명위(本命位)가 되는 셈입니다. 이 술 방위는 해(亥)의 방위를 합하여 건(乾)이라 하고 음양지기를 합하여 장(藏)의 뜻이 있어 만물을 거두어 저장한다는 뜻이 있습니다. 개띠의 사람은 각별히 이 방위에 주의하지 않으면 안 됩니다.

개띠의 지지 구성 길흉표

· 地支 ·

대길 (大吉)	인(寅) 오(午) 묘(卯)
길 (吉)	자(子) 사(巳) 신(申) 술(戌) 해(亥)
흉 (凶)	축(丑) 유(酉) (刑·害에 해당)
대흉 (凶)	진(辰) 미(未) (沖·刑·破에 해당)

· 九星 ·

九星 吉凶	삼벽목성인	육백금성인	구자화성인
대길 (大吉)	일백수성	이흑토성 오황토성 팔백토성	삼벽목성 사록목성
길 (吉)	사록목성 구자화성	일백수성 칠적금성	이흑토성 오황토성 팔백토성
반길 (半吉)	*	*	*
흉 (凶)	이흑토성 오황토성 팔백토성	삼벽목성 사록목성	육백금성 칠적금성
대흉 (大凶)	육백금성 칠적금성	구자화성	일백수성

개띠의 직업

술(戌)의 천품은 화로 속에 불을 담는 상(象)이기 때문에 보통 공업이나 농업이 적직이라고 보나 안으로 기를 모아 소리를 내는 가수, 시인, 학자 등이 적직이겠고, 또한 조선이나 여러 가지 공업과 상업도 그 다음으로 좋은 직업이 되겠습니다. 평범한 일반 회사원을 하위라고 판단됩니다.

개띠의 천성은 의리가 굳고 용기가 강해서 분투적이기 때문에 선박이나 해운 등의 대기업으로 진출해도 성공의 가능성은 있으며 또한 운송업, 전기 관계의 제작소나 판매직으로 나아가도 좋겠습니다.

개인적인 직업으로는 앞에 열거한 시인이나 가수외에 영화시나리오 작가, 텔레비전의 프로듀서 등도 유망 직종으로 개운이 빠를 가능성이 있고 또는 봉급생활자가 되어도 평범한 사무직보다 기획이나 선전계통의 일에 종사하면 개성을 발휘할 수 있게 되어 성공은 빨라질 것입니다.

술월(戌月)생의 운세

술월이라고 하면 음력 9월에 해당합니다. 양력으로는 대략 10월 7일 전후부터 11월 7일 전후 사이가 됩니다. 생년 달력에 주의하십시요.

술월생은 건실하나 완고한 천성으로 한번 노하면 몸을 돌보지 않는 경향 때문에 모처럼 열리게 될 운세도 스스로 깨버리고 마는 그래서 부침이 많은 인생이 되기도 합니다.

이달 전반기생은 의리가 굳고 일도 잘하지만 자기 마음대로 행동하고 으스대는 점이 있습니다. 그러나 내심은 겁쟁이로 일처리에 적극적으로 나서지 못하고 운세는 의외로 진전되지 못하겠습니다.

이달 후반기생은 친절하고 아랫사람을 잘 돌봐주지만 성질이 급하고 남의 말을 받아들이지 않기에 실패를 거듭하게 됩니다. 한편 남의 은혜는 잘 헤아려 의무를 다하는 미덕이 있어 운세 개발은 되나 가정불화로 논쟁이 심하고 정신적 고통은 끊이지 않습니다.

개띠의 신병과 수명

개띠생의 신병 예측

　개띠생은 비장(脾臟)의 지배를 받는다고 하나 사계절 시후 변화에 따라 흉통, 각기병, 근육경련, 위병, 구토 등의 병을 일으키기 쉬우며 이외에 요통, 족통, 두통, 눈병 등에 주의하지 않으면 안 됩니다. 이 개띠생은 원래 병증이 표면에 강하게 스며들며 진퇴가 빨라 의외로 딴 병으로 부작용을 수반한다고 합니다.

개띠의 수명 예측

● 갑술년 생은 51세를 넘기면 59세 이상의 수명이 있습니다.
● 병술년 생은 25세를 넘기면 72세 이상의 수명이 있습니다.
● 무술년 생은 25세를 넘기면 67세 이상의 수명이 있습니다.
● 경술년 생은 59세를 넘기면 72세 이상의 수명이 있습니다.
● 임술년 생은 31세를 너기면 72세 이상의 수명이 있습니다.

※ 또한 술시에 출생한 사람은 14세, 26세, 36세의 4개년은 가장 주의해야 할 해로서 재액을 만나든가 수명을 끝맺는 해라고도 합니다.

돼지띠(亥年)생의 천성과 운세

돼지띠의 생년

계해 (癸亥) 오황토성 (五荒土星) 1923년생
을해 (乙亥) 이흑토성 (二黑土星) 1935년생
정해 (丁亥) 팔백토성 (八白土星) 1947년생
기해 (己亥) 오황토성 (五荒土星) 1959년생
신해 (辛亥) 이흑토성 (二黑土星) 1971년생
계해 (癸亥) 팔백토성 (八白土星) 1983년생
기해 (己亥) 오황토성 (五荒土星) 1995년생

돼지띠(亥年) 생의 천성

돼지띠(亥年)라 해도 출생한 년대에 따라 천간은 을해(乙亥), 정해(丁亥), 기해(己亥), 신해(辛亥), 계해(癸亥)의 간지가 있고 그외 이흑토성, 오황토성, 팔백토성의 구성(九星)으로 나누어지니 각각 다른 운기를 받아 그 천성이나 운세가 결코 같을 수 없습니다.

그러나 돼지띠는 종합적으로 말하면 의지가 강하여 무엇이나 열심히 하려는 천성이 있고 또한 상대가 아무리 강자라도 부정(不正)이 발견되면 정정당당히 대항해서 약자를 도우려는 의협심이 있어 책임감이 대단히 강한 장점이 있습니다. 그래서 타인으로부터 무엇인가 부탁을 받으면 그 의협심이 발동하여 거절하지 못하고 무엇이든 받아들이는 버릇이 있습니다. 부탁을 받은 이상 어떻게든 해내지 않으면 안 되겠다는 책임감으로 여러 가지 무리한 일을 해야 할 때도 있으나 이것이 운세에 플러스를 가져오는 일이 적은 것입니다. 특히 의지가 강해서 손해를 보더라도 물러서지 않고, 또한 남에게 머리숙여 부탁하는 성질이 아니기에 손해를 보거나 고생을 하게 됩니다.

또한 무엇이나 열심히하는 천성이 근성으로 되어버려 한번 한다고 생각하면 그것을 끝까지 하고마는 것입니다. 따라서 일에 달라붙으면 끝도없이 무아 무중이 되어버립니다. 이렇게 되면 집안일이나 세상사 모두를 생각하지 않으니 집안일에 플러스가 될 턱이 없습니다. 이런 일이 대 발명으로 이어져 큰 재물을 얻게 된다면 위안도 되겠으나 대개는 취미라든가 여가 선용에 지나지 않습니다.

그런데 도중에 얼핏 기분이 바뀌면 이제까지의 일은 깨끗이 잊어버리고 또다시 다음일에 달라붙게 되니 앞뒤가 깨끗하지 못합니다. 그런가하면 대단히 인색하며 욕심꾸러기이여서 돈드는 일은 싫어하고 차곡차곡 돈을 모으는 성질입니다.

그런 돈을 모아 욕심이 생기면 일확천금의 큰 벌이로 눈독들이게 됩니다. 큰 벌이라면 투기적인 것이나 도박 같은 일이니 손만대면 손해요, 저축했던 돈은 결국은 다 빼앗기고 맙니다. 그러면 다시 인색해지곤 하니 이래서는 부귀 영화는 바랄 수 없습니다.

돼지띠의 남자는 고집이 세고 자기 마음대로 하려는 성질이 있어 독립적으로 행동하기 쉽습니다.

별로 말은 많지 않으나 의사 표시가 불충분한 면이 있고 남과의 교제에 있어서도 가장 긴요한 부분에 가서는 침묵형이 되어 요령이 부족한 면이 많습니다. 무엇인가 일에 매달리면 남을 돌볼 줄 모르고 책임을 회피하게 됩니다. 또한 도박 등 승부사를 즐겨 떨쳐버릴 줄 모르니 자연 정신적으로 피로하게 되어 딴 일을 생각할 수 없게 되고 생활이 황폐해 질 수 있습니다.

다시 간단히 말하면 소심하여 자그마한 일에도 주저하게 되고 며칠씩 걱정을 하게 됩니다. 또한 주색을 좋아하기에 신용을 잃을 수 있으므로 깊이 삼가해야 할 일입니다.

돼지띠의 여성은 생각이 깊어 무엇이든 일을 할 때는 깊이 숙고하는 것 같기는 하나 의외로 경솔한 면이 있어서 그때 그때 임기응변으로 처리하는 경향이 있기 때문에 뒤에는 곤궁에 처해지는 경우가 많습니다. 또한 남자처럼 인색해서 적은 푼돈을 저축하나 필요없는 일에 돈을 잃게 됩니다. 또한 자기 기분에 맞을 때는 잘 지껄이나 진짜 중요한 시점에서는 침묵형이 되어 의사 표시가 불충분하고 속으로 앓고 주저하는 성질입니다. 그러나 효행이 지극하고 형제간에 우애있는 편이어서 복을 받게 됩니다.

돼지띠 전반기생의 천성

이 해 전반기에 출생한 사람은 취직을 하면 상당한 고위직에 오를 수 있는 천덕이 있습니다. 그러나 재정적으로는 재난이 많아 부침의 암시가 있기에 고난이 많고 중도에 좌절하는 경우가 적지 않습니다. 따라서 가정적으로는 불화가 많아 처연이 좋지 않든가 친족간에 다툼이 생기고 재산이나 명예 등으로 반목이 계속되어 끊이질 않습니다.

이 해 출생인은 표면적으로는 딱딱해서 강하게 보이나 내심은 겁쟁이여서 상대편에게 강하게 대항하지 못하는 점이 있습니다.

그러나 은혜를 잊지않고 의리를 중히 여기는 사람입니다.

돼지띠 후반기생의 천성

이 해 후반기생은 관직에 종사하면 상당한 고위직에 오를 수 있는 천덕이 있고 복분도 있기에 근면하게 노력을 하면 크게 약진할 수도 있을 것입니다.

그러나 한편 무슨 일이나 자기 생각대로만 밀고 가려는 강한 의지의 소유자이기도 합니다. 그 때문에 비난도 받게 되어 실패하는 수도 있습니다. 또한 한 가지 일에 열중하니 그 수완이 비상해서 중용되기도 하나 미움을 사는 일도 있으니 주의하지 않으면 안 됩니다.

돼지띠생의 운세

해(亥)년 생에는 을해(乙亥), 정해(丁亥), 기해(己亥), 신해(辛亥), 계해(癸亥)의 간지가 있음은 앞에 기술하였으나 이외에 이흑토성(二黑土星), 오황토성(五荒土星), 팔백토성(八白土星)의 구별이 있습니다. 이와같이 천간과 구성을 달리하면 같은 돼지띠라 해도 그 운기의 유인에 의해 천리에 따라 천성과 운세의 성쇠에 변화가 있음은 말할 필요 없습니다.

을해(乙亥)년 생 돼지띠의 운기 성쇠

을해년 생은 고지식해서 세상 사정에는 어두워 남의 말을 들으려 하지 않기 때문에 운세 개발이 늦어지기 쉬우나 원래 천덕은 있으니 야망을 갖지말고 진실하게 분발하면 개운되어 행복을 얻을 것입니다.

생월에 따라 성품, 운세에 차이가 있으니 각자 주의가 요구됩니다.

1월생의 사람: 운세는 상운으로 천복도 타고났으나 그것에 너무 안주하면 실패합니다.

2월생의 사람: 지혜는 있으나 자아가 너무 강하고 무리하게 제멋대로만 밀고가기 때문에 실패수가 있습니다.

3월생의 사람: 총명하고 활동성도 있으나 질투심이 강해서 지장이 생기게 되고 개운은 늦어집니다.

4월생의 사람: 노고운에다 주거 불안까지 겹쳐 고생이 끊이지 않습니다. 주의를 게을리 하지 않도록 하십시오.

5월생의 사람: 지혜는 있으나 활동 불충분으로 박복하고 운세는 피어나기 어렵겠습니다.

6월생의 사람: 재능이 있고 기예에 통달하니 중운입니다. 성의를 다한다면 천복을 얻습니다.

7월생의 사람: 사람을 경시하는 버릇이 있고 자아가 강해서 운세
는 열리지 않고 박복하겠습니다.

8월생의 사람: 남과 다투기를 잘하는 편이어서 미움을 사게 되므
로 천덕을 다 얻지 못합니다.

9월생의 사람: 재능도 있고 한 가지 기술이 뛰어나므로 운세는 열
리겠으나 조급하게 굴면 흉운이 됩니다.

10월생의 사람: 만사 주도 면밀하게 대처함은 길하나 좀 완만하고
기회를 놓쳐 개운은 늦어집니다.

11월생의 사람: 상당한 성공이 가능하나 비굴한 점 때문에 복은
박복합니다.

12월생의 사람: 너무 강정해서 물러설 줄을 모르기에 실패를 거듭
하게 되고 운세 개발은 늦어집니다.

정해(丁亥)년 생 돼지띠의 운기 성쇠

정해년 생은 분별있는 사람으로 사물에 집착하는 성질로 한 가지 일에 손을 대면 딴 일은 돌보지 않는 기질이 있기 때문에 운세 개발이 늦어집니다. 또한 신경질적이어서 남과 다툼을 야기시킬 암시가 있고 운세의 성쇠변전도 있기에 복을 잃을 염려도 있습니다. 이점 경계해야 합니다.

생월에 따라 성품, 운세에 차이가 있으니 주의하십시요.

1월생의 사람: 재지가 있으나 성질이 조급하고 언쟁이 많아 적을 만들기 때문에 운기는 열리지 않습니다.

2월생의 사람: 내심 쟁의가 있어 남과 친화하지 못하므로 무슨 일에나 복을 얻지 못하겠습니다.

3월생의 사람: 천복이 있어 중운이나 질투심이 강하고 안정을 찾지 못하므로 운을 깨게 됩니다.

4월생의 사람: 남과의 교제는 훌륭하나 놀기 좋아하고 낭비가 많아 운세는 하운입니다.

5월생의 사람: 변심이 빈번하고 일정한 일에 종사하지 못하므로 개운은 늦어지고 주거에도 불안이 있습니다.

6월생의 사람: 지혜는 있으나 만심하므로 남과의 인화를 이루지 못하고 운세 개발이 안 됩니다.

7월생의 사람: 재능이 있고 한 가지 예능에 통달하나 오히려 몸을 해치고 천복을 손상하게 됩니다.

8월생의 사람: 독립심은 왕성하나 자기만 알고 남을 돌보지 않으므로 더불어 살 수가 없습니다.

9월생의 사람: 자아가 강해서 자기 뜻대로만 밀어 붙이니 운기를 깨고 고생을 합니다.

10월생의 사람: 중운으로 천복도 있으나 노고성이기에 운세 개발이 안 되고 덕을 잃습니다.

11월생의 사람: 운세는 부침의 징조가 있으나 온화하고 열심히 노력하면 개운합니다.

12월생의 사람: 아집이 강해서 복분도 잃겠으나 깊이 삼가하면 행운이 오겠습니다.

기해(己亥)년 생 돼지띠의 운기 성쇠

기해년 생은 기질이 약하고 의혹심이 강한 천성이기 때문에 속마음이 안정되지 못하고 앞을 보는 눈도 밝지 못하니 운세는 쉽게 열리지 않으나 운기는 중위입니다. 마음을 바르게 갖고 진력하면 운세는 개발되고 천복을 얻을 수 있습니다.

생월에 따라 성품, 운기도 달라지니 주의하시기 바랍니다.

1월생의 사람: 사려 깊고 기능도 우수하기 때문에 생활에 곤란은 없으나 다투려는 성질 때문에 흉운입니다.

2월생의 사람: 천복이 있어 중운이나 심술궂은 면 때문에 원한을 사고 복을 감합니다.

3월생의 사람: 교제도 많고 금전 출납도 많으나 만사에 비용 때문에 도산하기 쉽고 박복합니다.

4월생의 사람: 사람이 음험한 기질이 있어 부정한 길을 가려는 성질 때문에 삼가하지 않으면 개운되지 않습니다.

5월생의 사람: 천복은 있으나 태만 때문에 운세가 열리지 않고 박복합니다.

6월생의 사람: 지략이 있기 때문에 사람을 모략하는 성질로 개운이 늦어집니다.

7월생의 사람: 천성이 덕성스러운 면이 있으나 욕심이 많아 덕성을 베풀지 못하니 정신적 고통이 많습니다.

8월생의 사람: 성급하고 남과 사귐이 적으니 개운이 늦어지기만 합니다.

9월생의 사람: 독단적이고 전횡적인 인간성이지만 인화를 도모하면 천복을 얻습니다.

10월생의 사람: 큰 사업을 도모하면 실패하나 본업을 지키면 운세 성대 해지고 행복도 있습니다.

11월생의 사람: 운세가 순조로워 무슨 일이나 잘 풀려 가겠으나 조급하거나 지나치면 실패합니다.

12월생의 사람: 상운으로 노력에 따라 더욱 발달되겠으나 대욕은 삼가해야 합니다.

신해(辛亥)년 생 돼지띠의 운기 성쇠

　신해년 생은 지력과 재능이 있고 결단력도 빠르고 호기를 잘 파악하는 천덕이 있으나 자기만 알기 때문에 적을 만들기 쉽고 운세에 파란을 부르게 됩니다. 사람을 사랑하고 지나치지 않도록 삼가하면 성운이 되어 천복을 다 누릴 수 있습니다.
　생월에 따라 사람마다 성품, 운세는 다르게 되니 아래 약술한 월별 운세를 참고하십시요.

1월생의 사람: 평운이긴하나 평상시 마음이 안정되지 않고 분쟁이 생기게 되니 복을 감합니다.

2월생의 사람: 의협심이 있으나 거친 성격으로 일이 성사되기 힘들고 개운도 늦어지겠습니다.

3월생의 사람: 남의 좋은 일에 원한을 품는 점이 있어 재기(才氣)가 빛을 볼 수 없고 박복하겠습니다.

4월생의 사람: 고생운으로 연중 지지 부진하고 주거 때문에 고생하게 되니 운세가 열리지 않습니다.

5월생의 사람: 사심(邪心)이 있어 남을 해꼬지 하려는 마음으로 운기가 개발되지 않고 고생이 되풀이 될 운세입니다.

6월생의 사람: 어떤 일에나 꾀가 많고 타인의 미움을 사는 일이 많아 하운이 되겠습니다.

7월생의 사람: 의협심이 강하고 활발히 움직이니 개운되겠습니다.

8월생의 사람: 교제가 서툴고 박복하나 남과의 친화를 도모한다면 복을 얻을 것입니다.

9월생의 사람: 인내력이 약하기 때문에 만사가 이루어지기 어렵고 계속 노력해야만 중운이 되겠습니다.

10월생의 사람: 흉중에 한가닥 나쁜 버릇이 있어 남과 친하기 어렵고 불안이 많아 개운은 늦어집니다.

11월생의 사람: 중운이나 변심이 많으니 운기는 뻗어지기 어려우나 분발하면 길운이 찾아듭니다.

12월생의 사람: 천복도 있고 운세도 뻗어 가겠으나 신체 유약하여 좌절하지 않도록 노력해야 되겠습니다.

계해(癸亥)년 생 돼지띠의 운기 성쇠

이 해에 출생한 사람은 기강하고 자기 주장이 심하면서 융통성
이 없는 성질이지만 반면 성의가 있고 성실하게 노력하는 편이어
서 운세는 점차 열리겠습니다. 더욱이 기강한 부분을 고쳐 남과 화
합하면서 건실한 길로 간다면 반드시 천복을 얻게 됩니다.
  생월에 따라 성품, 운세가 달라지므로 주의하여 참고 하십시요.

1월생의 사람: 사려심이 있고 한 가지 기능도 있으나 남과 다툼을
　　　　　　　　좋아하기에 개운이 어렵습니다.

2월생의 사람: 지나치게 사려 깊고 시기를 놓치는 일이 많아 운세
　　　　　　　　개발이 어렵습니다.

3월생의 사람: 천복은 타고났지만 실행력이 약하니 용기를 배양하
　　　　　　　　는 일이 긴요합니다.

4월생의 사람: 고생운이 있고 주거문제도 불안하니 박복하나 심중
　　　　　　　　하게 노력하면 개운됩니다.

5월생의 사람: 호기(豪氣)있는 사람으로 남과 친화하지 못하고 독
　　　　　　　　주하기 때문에 과실이 많고 박복합니다.

6월생의 사람: 다소 자만기가 있으나 삼가하며 건실하게 노력하면
　　　　　　　　상운이 됩니다.

7월생의 사람: 자아가 강하니 사람이 거칠고 따라서 개운도 늦어
지고 천운을 다 누리지 못합니다.

8월생의 사람: 강정하니 남을 거역하게 됩니다. 이점 삼가하면 개
운될 것입니다.

9월생의 사람: 중운이나 친화성이 미약해서 고생이 많습니다. 인내
심을 기르면 복을 얻게 됩니다.

10월생의 사람: 비굴하면 하운이고 용기있게 전진하면 상운입니
다.

11월생의 사람: 신분에 상응하는 목적을 향해서 전력을 다하면 점
차 운기 왕성해집니다.

12월생의 사람: 천복이 있고 상운이나 진퇴에 주의하지 않으면 천
덕을 잃게 됩니다.

구성(九星)으로 본 천성과 운세

돼지띠생으로 이흑토성(二黑土星)의 천성과 운세

돼지띠로서 이흑토성인 사람은 근면하면서 어려움을 잘 견디어 내는 천성이기에 무슨 일이라도 해내고 마는 기개가 있기 때문에 운세도 점차 열려 갈 것입니다.

그러나 약간 음기의 기질로 적극성이 결여되므로 마음대로는 개운이 되지 않습니다. 또한 일이 잘 추진되지 않으면 신경질이 되는 경향도 있어서 모처럼 뻗으려고 하는 운세를 역전시키는 경우도 있습니다. 대체로 20대는 변전이 많아서 고생을 하게 되겠으나 분발하여 노력하면 점차 개운되고 중년기부터 말년에 이르러 행운을 맞이할 것입니다.

돼지띠생으로 오황토성(五荒土星)의 천성과 운세

돼지띠로 오황토성인 사람은 화려한 기질로 과단성이 있는 천성이기에 어려운 일을 당해도 굴하지 않고 운세를 열어가는 점은 좋으나 한편 대단히 강정하면서 이유를 따지고 드는 까다로운 면이 있고 독단적이기에 복을 감하게 되는 것입니다. 대체로 이런 사람은 20대에는 고생이 적으나 중년기가 되면 직업이나 주거의 변전에 의하여 고생을 더해가게 되고 수난의 위험도 있으니 주의하지 않으면 안 됩니다.

돼지띠생으로 팔백토성(八白土星)의 천성과 운세

돼지띠로 팔백토성인 사람은 결벽하고 담백, 쾌활하여 꼭 대쪽을 쪼갬과 같은 천성으로 천덕도 있으나 한편 경솔한 면이 있고 또한 자기 마음에 맞지 않는 것은 극도로 싫어하는 성질 때문에 처세에 마이너스를 가져와서 결국 개운을 늦어지게 만듭니다. 대체로 이 사람은 20대에는 고생이 적고 중년기에 개운의 기회가 있으나 시기를 놓치는 경우가 많습니다. 고집과 경솔을 삼가하고 근면하게 노력하면 중년 후기부터는 성운이 되어 만년은 행복하게 살 수 있게 되겠습니다.

돼지띠의 상성(相性)

상성이 좋고 나쁨은 궁합, 연담에는 말할 것도 없겠으나 사회적 대인관계나 방위, 당해 년·월·일·시의 길흉에 관련되는 중요한 것입니다.

해(亥) 방위로는 북북서(北北西)의 방위가 되므로 돼지띠는 이 방위가 본명위(本命位)가 되는 셈입니다. 이 해(亥)의 방위는 술(戌)의 방위와 합쳐서 건(乾)이라 하며 물건을 저장하는 길한 방위라고 일컬어 집니다. 그러므로 돼지띠는 이 방위에 대해서는 주의하지 않으면 안 됩니다.

돼지띠의 지지 구성 길흉표

· 地支 ·

대길 (大吉)	묘(卯) 미(未)
길 (吉)	자(子) 축(丑) 인(寅) 진(辰) 오(午) 유(酉) 술(戌)
흉 (凶)	신(申) 해(亥)(害·刑에 해당)
대흉 (大凶)	사(巳)(沖에 해당)

· 九星 ·

九星 吉凶	이흑토성인	오황토성인	팔백토성인
대길 (大吉)	구자화성	구자화성	구자화성
길 (吉)	육백금성 칠백금성 오황토성 팔백토성	이흑토성 팔백토성 육백금성 칠적금성	육백금성 칠적금성 이흑토성 오황토성
반길 (半吉)	이흑토성	오황토성	팔백토성
흉 (凶)	일백수성	일백수성	일백수성
대흉 (大凶)	삼벽목성 사록목성	삼벽목성 사록목성	삼벽목성 사록목성

돼지띠의 직업

돼지띠의 천품은 용자(勇者) 산을 걷는다는 상(象)이기 때문에 보통은 어려운 일을 견디어내는 청부업 등에 적합하다고 보는 경향이 있으나, 수출입업이나 해산물업이 적직의 제1위일 것입니다. 또한 그런 것에 관련되는 선박업이나 운송업 등이 제2의 적직이고 거기에 속하는 회사 근무도 중위의 적직이라고 판단됩니다.

돼지띠의 천성은 의지가 강하고 무슨 일이나 열심히 가난을 이겨내는 특징이 있기 때문에 이것을 살려간다면 청부업, 운수업 특히 해운업이 좋은 적직으로 성공할 수 있다고 생각됩니다. 현재의 항공관계의 회사나 거기에 관련된 일도 물론 좋다고 할 수 있습니다. 그외에 국내나 해외여행 서비스업이나 그에 속하는 일도 적직입니다.

일반적인 상업으로는 주류판매, 미술상, 귀금속업 등도 큰 복을 가져다 줄 것입니다. 그러나 투기적인 사업이나 일은 적합하지 않습니다.

해월(亥月)생의 운세

해월이라고 하면 음력 10월에 해당됩니다. 양력으로는 대략 11월 7일 전후부터 12월 7일 전후에 해당합니다.

해월생의 사람은 정직하고 저축심이 강한 천성으로 실행력도 있으면서 대단한 노력가이기에 운세도 빨리 열려서 점차 왕성해지고 과욕만 삼가하면 천복을 얻게 됩니다.

이달 전반기에 출생한 사람은 무슨 일이나 속성으로 해치우려고 독단적이 될 가능성이 있는데 이는 실패를 자초하게 됩니다. 그러나 운세는 강한 편이기에 진지하게 노력만 한다면 향상될 운세입니다.

돼지띠의 신병과 수명

돼지띠 생의 신병 예측

돼지띠의 사람은 신장(腎臟)의 지배를 받는다고 일컬어지고 있으나 사계절 시후의 변경에 따라 허리, 냉증, 수종각기 근육통, 여자는 자궁병, 혈관장애, 허리아래병을 잘 일으킵니다.

이외에 심장각기, 경련졸중, 악혈중풍에 속하는 병, 요족통, 간증 중풍 등에 주의하지 않으면 안 됩니다. 또한 돼지띠는 원래 병원이 허리 아래부위에 있고 항상 감기에 걸리면 급작스럽게 위로 올라간다고 합니다.

돼지띠의 수명 예측

● 을해년 생은 49세를 넘으면 79세 이상의 수명이 있습니다.
● 정해년 생은 39세를 넘기면 69세 이상의 수명이 있습니다.
● 기해년 생은 25세를 넘기면 74세 이상의 수명이 있습니다.
● 신해년 생은 44세를 넘기면 66세 이상의 수명이 있습니다.
● 계해년 생은 25세를 넘기면 65세 이상의 수명이 있습니다.

※ 또한 해의 시각에 출생한 사람은 26세, 36세, 49세, 56세의 4개년은 가장 주의해야 할 해로서 이 해에는 재액을 만나든가 수명을 다하는 해라고 합니다.

구성(九星) 각인(各人)의 숙명 길흉(宿命 吉凶)

일백수성(一白水星)의 숙명

일백수성은 역리학상으로는 사상(四象)중 소양(==)이면서 감(坎)이 본명(本命)입니다.

감은 함험(陷險)의 덕을 지니면서 수(水), 동(冬), 북(北)의 상(象)으로 이 명운의 사람에게는 숙명적으로 큰 영향을 주게 됩니다.

이 성(性)을 받은 사람은 험난이 겹친 상태를 뜻하므로 험난이 겹친 때일수록 진지한 성의가 요구됩니다. 아울러 이 사람은 품위가 갖추어져 있어서 사람들로부터 존경을 받게 되며 팔방 미인격인 특성도 있기 때문에 사교적인 활동으로 이것이 개운을 할 수 있는 계기가 되기도 합니다.

한편 이기적인 사람으로 밖으로는 양성(陽性)으로 활기있게 보이나 내심은 의심이 많고 어두운 반면도 있습니다.

그러나 외견상으로는 호기(豪氣)를 부리며 마음에 맞지 않게 지나침이 있어 실패하는 경우도 있습니다. 특히 남의 의견은 좀처럼 받아들이지 않으면서 자기 주장을 관철하려 하며 그것 때문에 라이별이나 적을 만들기도 합니다.

또한 색정이 강한 것도 이 명을 타고난 사람의 숙명이기에 항상 경계하고 삼가하지 않으면 안 됩니다.

이흑토성(二黑土星)의 숙명

이흑토성은 역리학상으로는 사상(四象)중 노음(==)이면서 곤(坤)이 본명(本命)입니다.

곤은 유순(柔順)의 덕을 지니면서 지(地), 만하(晩夏), 초추(初秋), 방위(方位)로는 서남(西南)의 상(象)으로 이 명운의 사람에게는 숙명적으로 큰 영향을 주게 됩니다.

이 성(性)을 받고 태어난 사람은 한없이 크고 널리 형통함을 상징하고 유순하고 순종하면서도 정절있는 자세로 임해야 합니다. 만물을 양성하는 토의 순성(順性)이 이 명운을 타고난 사람의 숙명에 크게 영향을 주게 됩니다.

이 성을 받은 사람은 인의(仁義)를 갖추었으면서도 유순한 성질로 근면하고 노력도 하기 때문에 한때 실패수가 있어도 다시 고쳐 서기가 빠른 사람입니다. 그러나 결단력이 약한 면이 단점이여서 때로는 진퇴에 망설임이 많게 됩니다.

남자에게는 남의 의견을 받아들이는 온순성이 있고 여자에게는 유화(柔和)한 면으로 남편에게 충실히 봉사하는 양처형이 많습니다. 또 한편으로 다소 인색한 면도 있어서 비약하기에는 둔한 편입니다.

그러면서도 생각지도 않게 기상 천외의 일을 생각해 내어 주위 사람을 깜짝 놀라게 하는 일을 예사히 해내는 기질도 있습니다.

삼벽목성(三碧木星)의 숙명

삼벽목성은 역리학상 사상(四象)중 소음(==)이면서 진(震)이 본명(本命)입니다.

진은 분려(奮勵)의 덕을 지니면서 형통함을 의미하는 괘이고, 뇌(雷), 춘(春) 방위로는 동(東)의 상으로 춘분(春分) 점이 있는 양기(陽氣)의 상이 이 사람의 숙명에 큰 영향을 주게 됩니다.

이 사람은 양기의 성질로 상냥한 심덕을 갖고 남을 대하기에 교제술은 능하나 마음이 너무 결백해서 무엇이든 싸고 감출 줄 모르기에 말이 많지는 않지만 남의 마음에 걸리는 일을 잘 이야기 하든가 지나친 간섭을 하여 남의 미움을 사기도 하는 것이 이 사람의 숙명입니다.

또 한편으로는 의협심이 있어서 자비심이 깊어 남에게 도움을 주기도 하나 원래 화려함을 좋아하기에 행동도 화려하게 할려고 하고 남자는 호걸스럽게 거칠은 짓을 하고자 합니다. 여자도 화려하고 사치를 좋아하지만 허영심은 크지 않습니다. 그러나 저축심이 부족함은 결점입니다.

사록목성(四綠木星)의 숙명

사록목성은 역리학상으로는 사상(四象)중 소양(⚏)이면서 손(巽)이 본명입니다.

손은 순종(順從)의 덕을 지니면서 겸덕(謙德)을 표상(表象)하는 괘이고 풍(風), 늦봄, 초하(初夏) 방위로는 동남(東南)의 상의(象意)를 지니고 있습니다. 따라서 이 상의 작용이 이 사람의 숙명으로 크게 영향을 미치게 됩니다.

이 성(性)을 받은 사람은 유순한 성질이지만 너무 정직하기 때문에 주위 변화에 적응하지 못하고 고경(苦境)을 부르는 숙명이 있는 것입니다.

또한 변동이 심한 운기를 받아서 희로 애락(喜怒哀樂)의 감정에 너무 예민한 점이 있어 결단에 착오를 일으키는 면이 적지 않습니다. 그것이 계기가 되어 다난(多難)으로 이어지기 쉽기에 경계하고 삼가하지 않으면 안 됩니다.

대체로 이 사람은 지위나 주거의 변동이 많고 그 때문에 심로가 많습니다. 그러나 성의를 다하면 원조자의 도움으로 행복하게 될 것입니다.

오황토성(五黃土星)의 숙명

오황토성은 역리학상으로는 사상(四象)중에 속하지 않으며 중왕의 태궁에 정위(定位)하여 태극(太極)의 자리에 있어 팔괘를 통어(統御)하는 주성(主星)인 것입니다.

따라서 이 성명인(星命人)은 중인(衆人)의 두령으로 유덕(有德)한 인품입니다. 동시에 이 사람은 호기(豪氣)가 있고 용감한 성질이면서도 남을 뛰어넘는 인내력이 있기 때문에 어느 방면으로 진출해도 크게 성공할 사람이나 실제 세상의 거치른 파도에 휩쓸리면 도량(度量)이 좁아져서 남의 의견이 들리지 않고 자기의 의지 범위내에서만 행동하게 되고 황파(荒波)에 떠내려 갈 숙명도 있습니다.

때문에 자기의 의지를 지켜 초지를 관철하는 것은 장점이나 지나치게 독단적이거나 전횡적(專橫的)이 되어서는 세파를 헤쳐나가지 못하므로 중용지도를 헤아려 만사에 삼가하는 마음가짐이 중요합니다.

여자의 경우에는 위와 같은 상의 작용이 남자를 능가하는 성질로 나타나서 불행을 자초하게도 되므로 항상 겸손한 겸양지심을 발휘하여 포용력을 지니도록 노력함이 중요합니다.

육백금성(六白金星)의 숙명

육백금성은 역리학상으로는 사상(四象)중 노양의 건(乾)이 본명입니다. 괘는 (☰)이고 강건(剛健)을 덕으로 합니다. 한없이 크고 널리 형통합을 상징하며 천(天), 만추(晩秋), 초동(初冬) 방위로는 서북(西北)의 상의를 지니고 있는 것입니다. 따라서 이 상의 작용이 이 사람의 숙명으로 영향을 미치게 됩니다.

이 성(性)을 받은 사람은 고상한 품위와 강기(剛氣)의 성질이 있기 때문에 말이 적고 정직한 사람이 많으나 고상한 기풍이 높은 기품의 성격으로 변하기 쉬워 남을 내려다보는 거만한 점 때문에 경원시되어 쉽게 남과 친숙해지지 못하는 점이 이 사람의 숙명입니다.

따라서 교제면에 마이너스를 가져오는 경우가 많고 무엇이나 자기가 독재적으로 일을 일으키려는 성질이 있습니다. 그것이 계기가 되어 대지 대망(大志大望)을 갖게도 하나 뜻 뿐이고 성공률은 극히 적은 것입니다.

수양과 단련을 쌓아서 인화(人和)를 도모하고 남에게 친근하도록 하여 쓸모있는 사람이 되도록 노력하면 행복을 잡을 수 있습니다.

칠적금성(七赤金星)의 숙명

칠적금성은 역리학상으로 사상(四象)중 노양의 태(兌)가 본명입니다. 괘는(☱)이고 유열(愉悅)을 덕으로 삼으며 기쁨을 상징하여 발전을 기할 수 있는 괘덕입니다. 방위로는 서(書), 추분점(秋分点)을 중심한 가을을 상의로하며 이러한 상의 작용(象意作用)은 이 사람의 숙명에 큰 영향을 미치게 됩니다.

이 성(性)을 받은 사람은 양기(陽氣)의 성질로서 사교에 능하고 애교가 있어 사랑을 받게 되나 특히 구변(口辯)이 교묘한 특성이 있습니다.

그러나 이 성명의 특성인 구변이 교묘하다는 것은 듣기 싫은 잔소리가 되고 이것이 더욱 악화되면 거짓말이나 험담을 일삼게 되어 이 변설이 운기 성쇠에 큰 숙명을 지니게 하는 것입니다.

대체로 남녀 공히 유순하면서 밝은 것을 좋아하는 성질이기 때문에 이점을 살려 활발하게 행동하고 초지 일관하는 꾸준함이 요구되나 용두 사미나 변동이 많은 점이 결점이 되기도 합니다.

이 명운의 사람은 노력과 성의를 갖고 만사에 대처하면 행복한 사람이 되겠으나 언제나 말을 삼가하지 않으면 재앙은 끊이지 않을 것이며 고립을 면하기 어렵습니다.

팔백토성(八白土星)의 숙명

팔백토성은 역리학상으로 사상(四象)중 노음(==)에 속하며 간(艮)이 본명입니다. 괘덕은 정지(靜止)의 뜻이 있으며 작용이 머무는 일을 의미하니 작용이 등에 머물러 있으면 자신이 추구하는 일에서 얻는 바도 없으려니와 보아도 보이지 않는 법입니다. 방위는 동북(東北), 늦겨울이나 초봄의 상의(象意)로 이 상의 작용은 이 사람의 숙명으로 작용하게 됩니다.

이 성(性)을 받은 사람은 정직하고 담백하며 표면으로는 온순하게 보이나 성미가 급한 성질입니다. 따라서 심려 원모(深慮遠謀)한 점은 볼 수 없고 사물을 단순하게만 생각하며 판단력도 다소 약하기 때문에 생각지도 않은 실패를 야기시키든가 모처럼의 기회를 놓쳐 출세하지 못하는 숙명이 있습니다.

대체로 남녀 공히 행동이 수줍어 사회적인 표면으로 나아가기를 원치 않으므로 큰 재화(災禍)를 입는 일은 없습니다. 그러나 반대로 큰 성공도 바랄 수 없으니 건실하게 진출하도록 근면한 노력을 경주하는 것이 숙명을 열어가는 열쇠가 되겠습니다.

구자화성(九紫火星)의 숙명

구자화성은 역리학상으로 사상(四象)이 소음(==)중 이(離)가 본명이고 명지(明智)를 괘덕으로 삼습니다. 시절은 여름이고 방위는 남(南)을 상의로 하며 이러한 상의 작용은 이 사람의 숙명에 큰 영향을 미치게 합니다. 이 괘는 붙는다는 뜻을 가지고 있으며 양화

(陽火)의 기를 받는다고 하는 것이 상의 이기도 합니다.

이 성(性)을 받은 사람은 두뇌가 좋아서 하나를 들으면 열을 깨우친다는 천성이 있고 양화(陽火)의 성질을 받아 양기의 성품으로 의협심이 있어 남을 돌볼 줄 알므로 남의 사랑을 받습니다. 또한 무엇이나 아름다운 것을 선호하기도 합니다.

불의 격렬한 그리고 변화가 빠른 기질을 받아 변동의 기질이 많은 점이 있고 양기는 허영으로 옮겨져 유행을 쫓는 점도 있습니다. 또한 성질이 급해서 노기를 폭발시키는 경우도 있으며 한번 생각이 서면 맹진(盲進)하는 일도 있어서 실패나 고생을 자초하는 숙명도 있습니다.

그러나 노력 여하에 따라서는 한때는 두각을 나타내는 기회도 있기에 크게 노력을 경주함이 긴요합니다.

★신개념 한국명리학총서(전15권)★　(금액 194,000원)

1 행복을 찾고 불행을 막는 점성술

정용빈 편저/신국판 204쪽/정가 12,000원
자연학의 원리를 이용하여 모순을 만나게 되는
것을 알 수 있게 하여 불운을 쫓아내는 것이 육
갑법 점성술이다.

2 손금으로 자기운명 알 수 있다

백준기 역/신국판 252쪽/정가 12,000원
뇌의 中樞神經의 작용이 손에 집중되어 표현되
는 사실을 도해로 설명하면서, 장래의 예지 등을
제시한다.

3 얼굴은 이래야 환영받는다

백준기 역/신국판 240쪽/정가 12,000원
관상의 기본이 되는 三質論의 상세한 해설을 비
롯, 인상의 연령 변화, 복합관상 등, 결과에 따
른 원인을 구명했다.

4 사주팔자 보면 내운명 알 수 있다

정용빈 편저/신국판 380쪽/정가 18,000원
12천성과 음양 오행의 심오한 이치를 누구나 알
기 쉽게 재정립한 사주 명리학의 결정판

5 꿈해몽은 이렇게 한다

정용빈 편저/신국판 250쪽/정가 14,000원
꿈에는 자신의 희미한 성패의 비밀이 숨겨져 있
어 이를 풀이하고, 역사적 인물들이 남긴 꿈들을
수록했다.

6 여성사주로 여성운명을 알 수 있다

진옥숙 저/정용빈 역/신국판 254쪽/정가 12,000원
연애·결혼·건강·사업 등, 동양의 별의 비법이 밝히
는 여성의 운명, 너무도 정확해서 겁이 날 정도
다.

7 풍수지리와 좋은 산소터 보기

정용빈 편저/신국판 262쪽/정가 12,000원
산소 자리를 가려서 육체와 혼백을 잘 모시면
신령(神靈)이 편안하고 자손 또한 편안하다.

※ 출판할 원고나 자료 가지고 계신 분
출판하여 드립니다.
문의 ☎ 02-2636-2911번으로 연락

8 이름감정과 이름짓는 법

성명철학연구회 편/신국판 260쪽/정가 12,000원
기초 지식부터 이름 짓는 방법, 성명감점 방법,
이름으로 身數를 아는 방법 등을 자세히 설명했
다.

9 나이로 본 궁합법

김용호 지음/신국판 334쪽/정가 14,000원
생년·월·일만 알면 생년의 구성을 주로 하여 생월
을 가미시켜 조심자도 알기 쉽게 했다.

10 십이지(띠)로 내 평생 운세를 본다

김용호 편저/신국판 290쪽/정가 14,000원
동양철학의 정수인 간지(干支)와 구성(九星)학을
통하여 스스로의 찬성, 천운, 길흉을 예지하기
쉽게 기술했다.

11 이런 이름이 출세하는 이름

정용빈 편저/신국판 227쪽/정가 12,000원
성명 철리(哲理)의 문헌을 토대로하여 누구나 좋
은 이름을 지을 수 있도록 쉽게 정리했다.

12 오감에서 여성 운세 능력 개발할 수 있다

김진태 편저/신국판 260쪽/정가 12,000원
미각·촉각·후각·청각·시각을 이용하여 교제 능력을
키우고, 자신의 운세를 개발할 수 있도록 했다.

13 신랑신부 행복한 궁합

김용호 편저/신국판 250쪽/정가 12,000원
역리학적인 사주명리 방법 외에 첫 인상, 관
상, 수상, 구성학, 납음오행 등을 기호에 맞게
기술했다.

14 택일을 잘해야 행복하다

정용빈 편저/신국판 260쪽/정가 12,000원

15 달점으로 미래운명 보기

문(moon)무라모또 저/사공혜선 역/신국판 280쪽/
정가 14,000원

신개념 한국명리학총서 10

십이지(띠)로 내평생 운세를 본다　　　　定價 14,000원

2011年 4月 25日 1판 인쇄
2011年 4月 30日 1판 발행

편 저 : 김 용 호
(松 園 版)
발행인 : 김 현 호
발행처 : 법문 북스
공급처 : 법률미디어

152-050
서울 구로구 구로동 636-62
TEL : 2636-2911~3, FAX : 2636~3012
등록 : 1979년 8월 27일 제5-22호
Home : www.lawb.co.kr

ISBN 978-89-7535-207-2 04150

파본은 교환해 드립니다.